LIDERAZGO ES ACCIÓN

101 Estrategias para convertirte en

un líder de alto impacto

Héctor González

«El coach de los empresarios exitosos»

Autor: Héctor González.

Editor: Edgardo Moreno.

Diseño interior: Francisco Martínez López.

Diseño de Portada: Brenda Loza.

Web: www.hectorgonzaleztv.com

Teléfono: 562-275-8076

Un proyecto Editorial de.

Tu Libro en 21 dias
www.Tulibroen21dias.com

TESTIMONIOS

DE $3.8 MILLONES A $4.7 MILLONES

Gracias al entrenamiento de Héctor González ahora estamos más enfocadas en lograr nuestras metas personales y de negocios. Mi organización, Field Princess House, creció de 3.8 millones a 4.7 millones. Además tuvimos un crecimiento de consultoras y líderes pasamos de 1205 a 1435. Mi próxima meta es vender un millón al mes. Si tu meta es aumentar tus ventas y crecer tu negocio te invito a tomar acción y tomar estas clases.

Jannette Rojas - Field Princess House

LOGRÉ MI PRIMER AÑO DE $100MIL DOLARES

Con el entrenamiento de Héctor ahora me siento más segura, ahora puedo hablar en publico, pedir referencias, he aprendido a delegar y a decir las cosas directamente. Antes reclutaba de 3 a 4 personas al mes, ahora estoy reclutando de 8 a 10 personas, un incremento del 100%. Además me he ganado el carro Cadillac por 3 años consecutivos, y tuve mi primer año de $100mil dólares. Muchas gracias sin su apoyo esto no hubiera sido posible.

Debie Nuñez - Directora Cadillac Mary Kay

DE $2,500.00 A $8,500.00 DOLARES

Después de escuchar los CDs y tomar el entrenamiento de Héctor González pude convertir $2,500.00 en $8,500.00. ¡No es una casualidad! No es lo que haces sino cómo lo haces y que tanto lo quieres lograr. Por favor llame y participe en este programa, ¡le aseguro que no se va arrepentir!

Alba Murcia - Agente de Bienes y Raíces

¡UN AUMENTO DE UN MILLÓN DE DOLARES!

Con el entrenamiento del coach Héctor González ahora puedo hablar en publico con mayor seguridad y confianza, he aprendido a administrar mejor mi tiempo, a organizarme, a mantener el enfoque en las metas, gracias a sus enseñanzas ahora soy una mejor líder de mi organización, y trabajando en equipo logramos aumentar las ventas de 2.5 millones de dólares a 3.4 millones de dólares. Un incremento de casi un millón de dólares en tan solo un año, y en promoción de líderes pasamos de 21 líderes el año pasado a 29 líderes este año. Además gane 20mil dolares extra, ya que me gane los 4 bonos trimestrales de 5mil dólares. Un millón de gracias señor Héctor, sin su ayuda esto no hubiera sido posible.

Adelita Ortega Zona - Organizadora Princess House

MIS VENTAS INCREMENTARON MÁS DEL 50%

Desde que estoy tomando el entrenamiento con Héctor tengo más prospectos, y mis ventas se incrementaron más del 50%. Antes vendía 2 casas, hoy tengo 7 ventas.

Elizabeth Pérez - Real State Profesional

DE $1,000 a $5,000 DOLARES

Con el entrenamiento de Héctor en un mes logré lo que no había logrado en 2 años. Quintuplique mis ventas de $1,000 a $5,000 US.

Patricia Paniagua - Directora de Ventas Mary Kay

DE $25 MIL A $50 MIL DOLARES

Con el entrenamiento de Héctor ahora me siento más segura y tengo más control cuando hablo con mi grupo.

Las ventas en mi negocio se duplicaron de $25MIL a $5OMIL. Mis ingresos se duplicaron de $2,500 a $5,000 dolares.

Además gané un bono de $1,500 dolares.

María Rivas - Princess House

Contenido

Liderazgo es acción

EL CONFERENCISTA IDEAL PARA TU PRÓXIMO EVENTO

Héctor González es un conferencista experto en ventas, liderazgo y desarrollo de equipos de trabajo. Está disponible para Conferencias, Convenciones, Supereventos y Rallies.

Héctor prepara sus presentaciones para cubrir las necesidades de cada cliente. Y, como resultado de esto, tu equipo saldrá inspirado y listo para tomar acción. Para más información o contratar a Héctor, llamar al 562-275-8076.

También puede encontrarlo en:

www.HectorGonzaleztv.com

LIDERAZGO ES ACCIÓN

Motiva e inspira a otras personas. Comparte este libro.

$20.00

Precio especial de mayoreo:

5 a 20 libros $15.00

21 a 99 libros $12.95

100 o más $10.00

Para ordenar llama al teléfono 562-275-8076, o en

www.HéctorGáleztv.com

Otros libros de Héctor González:

– El Desafío de Triunfar.

Audio-libros:

– Nacidos Para Triunfar.

– Maximiza Tu Tiempo Maximiza Tu Vida.

– Sistema Más Poderoso Para Cerrar Una Venta y Reclutar Líderes.

Seminarios:

– Cómo cerrar la venta de la A a la Z.

– Secretos del empresario millonario.

– Clientes para toda la vida.

– Habla en público con poder, entusiasmo y dinamismo.

– Diseña el mejor año de tu vida.

– Liderazgo es acción.

Dedicatoria

Este libro se lo dedico a mi mamá, María Ramírez, que me enseñó que el verdadero deber de un líder es enseñar, inspirar y compartir sus conocimientos con otras personas.

También se lo dedico a mi papá, Antonio González, que me enseñó que todo cambio en la vida empieza con una decisión y que con una actitud positiva todos podemos crear felicidad, y momentos inolvidables para la familia.

Agradecimiento

A mi esposa Griselda, por todo su amor y apoyo incondicional en todos mis proyectos.

A mi mamá, por sus palabras de apoyo y por siempre creer en mí.

A mi papá, que está en el cielo, por haberme enseñado el principio fundamental del éxito: tomar 100% de responsabilidad de mis resultados. Y, por haberme enseñado con el ejemplo a ser una persona de integridad, y que en la vida todo se gana con la bendición del trabajo.

A todos mis amigos, estudiantes, colegas y maestros, gracias a ustedes soy un mejor líder, un mejor maestro, una mejor persona, un mejor padre y un mejor amigo.

Conoce al autor

Héctor González, es un conferencista internacional, experto en ventas y liderazgo, coach de éxito personal y empresarial.

Es el presidente de Héctor González Internacional, una organización global de ventas y desarrollo personal que él fundó para ayudar a hombres y mujeres por igual, estudiantes, empresarios, hombres de negocios, profesionistas, mujeres profesionales a desarrollar su máximo potencial, y que puedan lograr sus metas y sueños en la vida.

Es autor del libro «El Desafío de Triunfar», y de los audio-libros «Nacidos Para Triunfar», «Maximiza Tu Tiempo, Maximiza Tu Vida» y «Sistema Más Poderoso Para Cerrar Una Venta y Reclutar Líderes»

Héctor es un apasionado del periodismo, y ha hecho radio y televisión por muchos años. Ha producido varios programas de televisión para el canal 6, de Buenavision Telecomunicaciones, entre ellos «Nuevos Horizontes» y «Proyección Hispana». Trabajó como reportero para el «Noticiero Latino» y fue productor para el Programa «Enfoque Latino», de Radio Pacífica 90.7 FM. Produjo el segmento «Conozca y Defienda sus Derechos», un programa para informar a la comunidad sobre sus derechos en los Estados Unidos. Héctor también fue el coproductor de «Los protagonistas», el primer show de motivación, liderazgo y superación personal en la 1020 AM Univision Radio.

Héctor ha recibido entrenamiento de los mejores instructores y expertos en motivación y desarrollo personal, incluyendo a Jim Rohn, Zig Ziglar, Anthony

Robbins, Brian Tracy, Mark Victor Hansen, Jack Canfield, Robert Allen, Bob Proctor, Eric Lofholm, Dr Moine, T Harv Eker, Brendon Burchard, Lisa Sasevich, James Malinchak, entre otros.

En su insaciable búsqueda por ayudar a su comunidad ha estudiado la filosofía del éxito y ha examinado la vida de los hombres más exitosos, de los líderes que han transformado la historia de la humanidad. Ha leído más de 500 libros de desarrollo personal, psicología, relaciones humanas, comunicación, ventas y mercadeo, y ha escuchado más de 10 mil horas de programas de audio-libros, y presenciado en vivo las conferencias de motivadores exitosos como los arriba mencionados.

La misión de Héctor González es empoderar a las personas para que desarrollen su máximo potencial y que tengan una mejor calidad de vida. Todo ello por medio de conferencias de motivación y liderazgo, seminarios de ventas, libros, audio-libros, y consultas privadas de coaching en privado y en grupo.

Cientos de empresas contratan a Héctor para entrenar y motivar a sus empleados entre ellas están: Mary Kay, Princess House, Jafra, Herbalife, Century 21, Nissan, Ford, Royal Prestige, Renaware International, 4 Life, Ardyss International, Famsa, Monavie, Melaleuca, y Shaklee.

Para saber cómo llevar a Héctor a tu organización visita:

www.HéctorGáleztv.com

Introducción

El éxito o fracaso de un proyecto, está en la habilidad del líder, en identificar cuales son las actividades que te van a llevar al logro de tus metas.

Escribí este libro, para inspirarte y empoderarte a ser un líder de alto impacto para que seas más, hagas más y logres ayudar a más personas.

Este libro contiene 101 estrategias cuidadosamente seleccionadas para que te conviertas en un verdadero líder, que sirva a sus seguidores y no que se sirva de ellos.

Son 101 estrategias individuales, lo que significa que cada una es independiente de las otras y que las puedes leer y estudiar en el orden que tú decidas.

Algunas estrategias serán nuevas, mientras que otras serán un recordatorio, algunas serán fáciles de implementar, otras requerirán más esfuerzo. Algunas te harán sentir bien, mientras que otras te retarán a salir de la zona de confort. Pero cada una tiene un solo propósito: ayudarte a pensar y actuar diferente.

Lee cada capítulo varias veces, hasta que entiendas la idea hasta el punto de implementación.

Lo más importante es la implementación de cada estrategia porque «Liderazgo es Acción» y porque las mejores ideas sin acción no sirven de nada.

Una de las características de los líderes extraordinarios es que saben exactamente lo que quieren, tienen un plan para lograrlo y todo su tiempo lo dedican a lograr sus metas.

Es un verdadero honor, conocerte por medio de este libro, y espero pronto tener la oportunidad de conocerte en persona.

Muchas gracias por leer este libro que escribí especialmente para ti. Y espero que cuando termines de leerlo lo recomiendes a tus amigos y familiares, para que juntos impactemos positivamente la vida de miles de personas.

Como dijo la madre Teresa:

Hay cosas que yo puedo hacer que tú no puedes hacer. Hay cosas que tú puedes hacer que yo no puedo hacer, pero juntos podemos hacer cosas maravillosas.

Héctor González

El coach de los empresarios exitosos

Líder, «Liderazgo es acción».
Tu vida cambiará,
cuando tu cambies.
Levántate y persigue tus sueños.
No te quedes dormido esperando.
Sal afuera y vive.
El mundo te necesita.
Sabes que eres una gran persona.
Cree en ti.
Sentado nada llegará.
Sal de la zona de confort
Saca todo el potencial
que tienes dentro de ti.
Tus sueños,
tus motivaciones,
y tus esperanzas,
te esperan.
Líder eres grande.
Tienes grandeza dentro de ti.
El mundo te espera.

Héctor González

El Credo Del Líder Optimista

Me prometo a mi mismo:
Ser tan fuerte que nada, ni nadie puedan
perturbar mi paz.
Hablar solo de salud, felicidad y prosperidad
a todas las personas que encuentre en mi
camino.
Hacer que todos mis amigos se sientan felices y
que tienen algo de valor dentro de ellos.
Ver el lado bueno de todas las cosas y hacer mi
optimismo una realidad.
Pensar solo lo mejor, trabajar para lo mejor y
esperar solo lo mejor.
Ser tan entusiasta acerca de mis éxitos, y
celebrar el éxito de otras personas.
Olvidar lo errores del pasado y enfocarme en
los grandes logros del futuro.
Ser feliz todo el tiempo y regalar una sonrisa
a todas las personas que encuentre en mi
camino.
Dedicar tanto tiempo a mi mejoramiento
personal que no tenga tiempo de criticar a otras
personas.
Ser tan grande para no tener preocupaciones,
ser tan noble para no enojarme, ser tan fuerte
para no sentir miedo y ser tan feliz para no
pensar en los problemas.
Valorarme a mí mismo y proclamárselo al
mundo, no solo palabras sino con hechos.
Ser una persona que tenga la fe, para tener al
mundo a mi lado siempre y cuando yo dé al
mundo lo mejor de mí.

Christian D Larson

1

«Tu nivel de liderazgo determina tu nivel de éxito, en todas las áreas de tu vida»

Héctor González

Liderazgo es servir.

Liderazgo es ayudar.

Liderazgo es satisfacer necesidades.

Aquí es donde muchos «líderes» están fallando, porque en vez de servir a sus seguidores se sirven de ellos.

Pero los líderes más grandes que han transformado la historia de la humanidad se han dedicado a servir.

A partir de hoy, me comprometo a ser un mejor líder y dedicarme exclusivamente a servir y ayudar a otras personas. Y al servir y ayudar a otras personas el éxito que tanto deseo llegará por añadidura.

Lo dijo el maestro de la motivación Zig Ziglar: «Ayuda a otras personas a conseguir lo que ellos quieren y tú podrás conseguir lo que tú quieres».

Hoy simplemente seré un mejor líder, me dedicaré a servir a otras personas con amor y pasión.

2

«Tres características que definen a los grandes líderes: Visión, liderazgo y determinación»

Héctor González

Todos los grandes líderes y empresarios que han transformado la historia de la humanidad han tenido estas 3 cualidades: Visión, liderazgo y determinación.

Visión es tener un gran sueño y poder visualizarlo hecho realidad.

Liderazgo es servir, ayudar y satisfacer necesidades.

Determinación es llevar una decisión hasta el final.

Desafortunadamente, la mayoría de las personas no tienen visión, no saben lo que quieren o a dónde van, y como no tienen visión, son como un barco en alta mar sin timón, al que las olas se lleva para cualquier lado.

Tener visión es una de las características más importantes de un líder. Lo dijo Helen Keller: «Prefiero estar ciega, que no tener visión»".

Hoy dedicaré tiempo especifico para definir mi visión y el propósito de mi vida.

Hoy demostraré mi liderazgo al poner toda mi experiencia y conocimientos al servicio de otras personas.

Hoy tomaré la determinación de hacer mis metas y sueños realidad, y no voy a parar hasta que mi visión la haga realidad.

3

«Conviértete en el cambio que quieres ver en el mundo»

Ghandi

Si de verdad quiero cambiar al mundo, primero tengo que cambiar yo. A partir de hoy, enseñaré con el ejemplo. Nunca más seré candil de la calle y oscuridad de mi casa.

Hoy enseñaré con el ejemplo, y dejaré que mis acciones hablen más que mis palabras.

Si quiero que mis hijos sean agradecidos, primero yo tengo que ser agradecido.

Si quiero que mis hijos sean amables, primero yo tengo que ser amable.

Si quiero que mis hijos sean responsables, primero yo tengo que ser responsable.

Si quiero que las personas a mi alrededor estén comprometidas, primero yo tengo que estar comprometido.

Como dijo Albert Einstein: «Enseñar con el ejemplo no es la mejor manera de enseñar. Enseñar con el ejemplo es la única manera de enseñar».

Como líder que soy, hoy simplemente enseñaré con el ejemplo y me comprometo a ser el cambio que quiero ver en el mundo.

4

«Tu vida será la misma de hoy en 5 años, lo único que puede cambiar tu vida son los libros que leas, las clases que tomes y los maestros que tengas»

Héctor González

Mi nivel de preparación determina mi nivel de éxito.

Si en verdad quiero lograr mis metas debo desarrollar el hábito de la lectura, y leer por lo menos un libro al mes.

Si los presidentes de las empresas más importantes, leen un promedio de 50 libros al año, lo que equivale a 4 libros al mes o uno por semana, yo debo leer por lo menos un libro al mes.

Hoy buscaré los libros que voy a leer, especialmente buscaré los que han impactado mi vida, y los leeré una segunda vez y una tercera, hasta que aprenda las ideas, hasta el punto de implementación.

Mi nivel de éxito está directamente relacionado con mi nivel de preparación. Por eso, a partir de hoy, empiezo este nuevo hábito de la lectura, a leer por lo menos una hora cada día.

Hoy, no solo leeré más, sino que también, como líder, promoveré la lectura con todas las personas a mi alrededor, y con mi ejemplo inspiraré a otros a leer.

5

«La conquista más grande del ser humano es la de conquistarse a sí mismo»

Leonardo Da Vinci

Hoy no trataré de cambiar a nadie.

Hoy no trataré de cambiar a mi esposa o esposo.

Hoy no trataré de cambiar a mis hijos.

Hoy no trataré de cambiar a mis hermanos.

Hoy no trataré de cambiar a mis compañeros de trabajo.

Porque finalmente he comprendido que a la única persona que tengo todo el control y responsabilidad de cambiar es a mí mismo.

Como dijo Victor Frankl: «Cuando ya no podemos cambiar las circunstancias, tenemos que enfocarnos en la única persona que podemos cambiar que es a nosotros mismos».

Hoy tomaré la decisión más importante de mi vida: «Cambiarme a mí mismo primero». Y, cuando yo cambie, las cosas a mi alrededor empezarán a cambiar.

6

«Las personas más exitosas terminan todo lo que empiezan»

Héctor González

El día de hoy terminaré todo lo que empiece, desde las tareas más fáciles, hasta las tareas más difíciles. Los grandes líderes, terminan todo lo que empiezan. Y esto es muy importante entenderlo, porque la mayoría de las personas nunca terminan lo que empiezan.

A partir de hoy, desarrollaré el habito de terminar todo lo que empiece, sin importar que tan fácil o difícil sea.

Al terminar todo lo que empiece, mi salud mejorará, mi negocio crecerá, lograré la felicidad y la independencia financiera que tanto deseo.

Este es el mejor hábito que puedo desarrollar como líder y empresario. Este es el mejor hábito que puedo enseñar a mis hijos.

Por eso, a partir de hoy, decreto ante Dios, la vida y el universo que terminaré todo lo que empiece.

Este es mi nuevo habito:

«Terminar todo lo que empiece».

7

«La confianza en el líder, es el primer fundamento del liderazgo»

Héctor González

Un líder debe de ser ejemplo de honestidad, integridad y servicio.

La honestidad del líder es de vital importancia, porque a las personas les gusta seguir a personas que les inspiran confianza y que les caen bien.

Si tú no inspiras confianza, la gente no te va a seguir. Si tú no cumples tu palabra, la gente no te va a seguir. Si tú no cumples tus acuerdos la gente, no te va a seguir. Si tú no cumples lo que prometes, la gente no te va a seguir. Si tú dices una cosa pero haces otra, la gente no te va a seguir.

La realidad es que las personas ya están hartas de líderes falsos, que mienten, que engañan y no dicen la verdad.

A partir de hoy, seré un líder verdadero que sirve con honestidad, integridad y servicio.

A partir de hoy, mi palabra será mi ley, y mi ley será mi palabra.

8

«Para tener cosas que nunca has tenido tienes que hacer cosas que nunca has hecho»

Thomas Jefferson

Para tener cosas que la mayoría de las personas nunca va a tener, debo de estar dispuesto a hacer cosas que la mayoría de las personas no están dispuestas a hacer.

Entonces, la pregunta que me tengo que hacer es esta: «¿En qué tipo de persona, líder o empresario me tengo que convertir para poder hacer mis metas y mis sueños una realidad?».

A partir de hoy, decido convertirme en ese gran líder y empresario que tengo la capacidad de ser. Como líder que soy, hoy decido convertirme en el protagonista de mi vida. Hoy decido ser el arquitecto de mi destino.

Hoy simplemente voy a hacer las cosas que la mayoría de las personas no están dispuestas a hacer, para tener las cosas que la mayoría de las personas nunca van a tener.

Como dice Michael Jordan: «Hay personas que quieren que algo pase, otras sueñan con que pase, y otras hacen que sucedan las cosas». Como líder que soy, yo haré que sucedan las cosas.

9

«Los líderes inspiran a otros a actuar, y hacen que las personas crean que es posible lo que ellos creen que es imposible»

Héctor González

¿Eres un buen líder? ¿Te consideras un líder? ¿Sabes quién es un buen líder? ¿Sabes cuáles son las características de un buen líder?

Es muy simple lo dijo Jack Welch: «Si tus acciones inspiran a otros a soñar más, a aprender más, a hacer más y ser mejores, entonces eres un gran líder».

En estos tiempos, más que nunca, se necesitan grandes líderes. Líderes que marquen el camino a seguir con el ejemplo, que marquen la pauta, que ayuden, que lleven a sus seguidores al éxito, que sirvan a sus seguidores y no que se sirvan de ellos.

Como dijo el motivador Dennis Waitley: «Eres realmente exitoso cuando puedes extender una mano fuerte a alguien que necesita ayuda. Y cuando tú ayudes a otros, ellos te ayudarán a ti».

En este día me voy a enfocar en inspirar a otras personas, a soñar más, aprender más, hacer más y con mi ejemplo les demostraré que sí es posible hacer lo que ellos creen que es imposible.

10

«Los grandes líderes tienen bien claro 3 cosas: La visión, el propósito y el plan»

Héctor González

La visión determina el camino, o sea hacia donde vamos.

Los grandes líderes tienen visión, saben exactamente lo quieren y a hacia donde van.

La misión, que determina el propósito, o sea, por qué hacemos lo que hacemos.

Los grandes líderes, que han transformado la historia de la humanidad, han vivido una vida con propósito, tienen una razón para levantarse cada día, y han entregado su vida a una sola causa.

Como decía Matin Luther King: «Si un hombre no ha descubierto una razón para que morir, entonces no es digno de vivir».

La estrategia determina el plan, qué es los debemos de hacer.

Los líderes más exitosos tienen un plan especifico para lograr las metas.

Hoy dedicaré tiempo para definir mi visión, encontrar el verdadero propósito de mi vida y diseñar un plan para poder hacer mi visión realidad.

11

«Un líder ve una oportunidad en cada problema, un seguidor ve un problema en cada oportunidad"»

Héctor González

Cuando una familia u organización está pasando por problemas, el líder mantiene la visión en la meta.

El error más grande de la mayoría es enfocarse en el problema. Sin embargo, el líder se enfoca en la solución, y mantiene la visión en la meta.

Esto no significa que vamos a ignorar el problema, al contrario, el problema se tiene que enfrentar. Pero lo que separa a un líder de un seguidor es que el líder no se queda atrapado en el problema, el líder ve el panorama general y sigue avanzando hacia la visión. Entre más enfoques a tus seguidores hacia la solución, más se alejarán del problema.

A partir de hoy, ya no me enfocaré en los problemas, al contrario me enfocaré en las soluciones.

El problema más grande que estoy enfrentando en este momento contiene un regalo de sabiduría, que ha sido enviado especialmente para mí, para esta etapa de mi vida.

Hoy me preguntaré: «¿Cuál puede ser la lección o enseñanza en el problema más grande que estoy enfrentando en este momento?».

12

«Un líder conoce el camino, anda el camino y enseña el camino»

John Maxwell

¿Qué quiere decir esto?

Un líder verdadero sabe hacer las cosas, hace las cosas y enseña a hacer las cosas.

Como decía mi mamá: «Es deber del que sabe, enseñar al que no sabe».

Hoy me comprometo a ser el mejor de los maestros, y dar lo mejor de mí.

Hoy no pretenderé enseñar, hoy voy a enseñar.

Hoy no pretenderé ayudar, hoy voy a ayudar.

Hoy no pretenderé enseñar con amor, hoy enseñaré con amor.

Hoy no pretenderé ser paciente, hoy voy a ser paciente.

Hoy no pretenderé enseñar con firmeza, hoy voy a enseñar con firmeza.

A partir de hoy simplemente seré el mejor maestro, y enseñaré con amor, paciencia y firmeza.

13

«Las personas más exitosas tienen la valentía para decir NO a las personas y a las cosas que los hace perder su tiempo y dinero»

Héctor González

La mayoría de las personas no saben decir NO a las personas y a las actividades que los hace perder su tiempo y dinero. Pero los grandes líderes tienen el valor de decir NO.

A partir de hoy, me comprometo a decir NO a todas las personas que me hacen perder mi tiempo.

Hoy diré NO, a las personas negativas que me hacen sentir mal.

Hoy diré NO a las personas que me contagian con sus problemas.

Este es mi nuevo hábito, decir NO a las personas y actividades que me hacen perder mi tiempo y dinero.

Mi éxito esta garantizado, porque a partir de hoy levantaré mi voz ante las injusticias y tendré la valentía para decir NO a las personas y a los hábitos que me hacen perder mi tiempo y dinero.

14

«El éxito se alcanza preparándose, trabajando inteligentemente y pagando el precio del éxito»

Héctor González

Hay tres ingredientes vitales para lograr el éxito personal y de negocios: «La preparación constante, el trabajo inteligente y pagar el precio del éxito».

El precio del éxito es trabajo, dedicación y disciplina. Disciplina es hacer lo que tengas que hacer aunque no tengas ganas.

Hoy me comprometo, a una preparación constante y sin final. Porque los líderes extra-ordinarios todo el tiempo se están preparando.

Hoy tendré la humildad, de reconocer que no lo sé todo y que necesito ayuda.

Hoy pediré a Dios que me dé la sabiduría para seguir aprendiendo de las personas que ya lograron lo que yo quiero lograr.

Hoy me comprometo a trabajar, no solo más fuerte, sino sobretodo trabajar más inteligentemente.

15

«Los tiempos de crisis son tiempos de cambio»

Héctor González

Hoy decido cambiar, y empezar a hacer las cosas de una manera diferente. Porque los tiempos de crisis son tiempos de cambio. Son tiempos de renacer, son tiempos de reinvertarse. Son tiempos de empezar a hacer las cosas de una manera diferente.

Albert Einstein decía que: «La definición de locura es hacer diariamente lo mismo, y esperar resultados diferentes». Y eso es lo que hace la mayoría de las personas. Hace diariamente lo mismo esperando que las cosas cambien, como por arte de magia.

Si de verdad me quiero convertir en un líder de alto impacto debo de empezar a hacer las cosas de una manera diferente.

Como dijo Charles Darwin: «El que sobrevive no es el más fuerte, ni el más inteligente, sino el que se adapta mejor al cambio».

Como líder que soy hoy me tomaré un tiempo para analizar mi vida, y decidir que cosas voy hacer de una manera diferente, de aquí en adelante.

Hoy es el primer día de mi nueva vida.

16

«El secreto del éxito es: pedir, pedir, y pedir, y no rendirte hasta que logres tu meta».

Héctor González

En la Biblia, Jesucristo nos enseñó este maravilloso principio:

«•Pide y se te dará.
•Pregunta y encontrarás.
•Toca y se te abrirá».

Hoy tocaré la puerta, levantare el teléfono o visitaré a mi cliente, y le pediré lo que quiero, con fe, confianza y seguridad.

A partir de hoy me comprometo a utilizar las 4 claves para lograr todo lo que quiero:

Primero. Pedir con fe, confianza y seguridad.

Segundo. Hablar directamente con la persona indicada.

Tercero. Ser claro, especifico y pedir exactamente lo que quiero.

Cuarto. Pedir, pedir y pedir, y no rendirme hasta lograr lo que quiero.

Mi éxito está garantizado porque a partir de hoy me comprometo a pedir y pedir, y volver a pedir hasta que logre mis metas.

17

«Lo que detiene a las personas de lograr sus metas son las creencias limitantes»

Héctor González

¿Qué es una creencia?

Una creencia es una idea o un pensamiento que se considera cierto o verdadero.

La realidad es que los pensamientos son ideas, y las ideas se pueden cambiar.

Entonces, una persona puede tener la falsa creencia de que no es bueno para vender, que no es buen líder o que no puede aprender a hablar ingles.

Pero la realidad es que la mayoría de las creencias que tenemos no son verdaderas. Al contrario, la mayoría de las creencias que tenemos son puras mentiras.

Como líder que soy, a partir de hoy me comprometo a cambiar mis creencias limitantes, y en vez de decir: «Yo no soy buen líder», voy a decir: «Estoy tomando clases y leyendo libros para ser un líder extraordinario».

En vez de decir: «Yo no soy bueno para vender», voy a decir: «Estoy tomando clases y leyendo libros para ser un vendedor extraordinario».

Por cada creencia negativa que tenga voy a escribir una afirmación positiva, y la voy repetir varias veces al día, especialmente en la mañana, al levantarme, y en la noche antes de dormir.

18

«¿Qué es lo que determina que una persona triunfe o fracase? Las decisiones»

Héctor González

Desde que me levanto por la mañana, estoy tomando decisiones que están impactando positivamente o negativamente mi vida.

Por ejemplo, en la mañana, cuando suena la alarma, me levanto inmediatamente y me pongo a hacer ejercicio, o apago la alarma y me duermo una hora más. En el trabajo, me pongo a trabajar o me pongo a jugar en el facebook. En el restaurante, ordeno una ensalada o una hamburguesa. En la casa, me pongo a leer un libro o me pongo a ver la televisión.

Son las decisiones que tomo cada día, y en todo momento, las que van a determinar mi éxito o fracaso.

Como líder que soy, debo de hacer el mejor uso de mi tiempo. De hoy adelante, antes de tomar una decisión me haré esta poderosa pregunta: «¿La decisión que voy a tomar en este momento me va acercar o me va alejar de mi meta?».

19

«Una vida sin análisis no vale la pena de vivirse»

Platón

Cada vez que terminamos un periodo de trabajo, ya sea un día, una semana, un mes o un año es importante hacer un análisis y evaluación de los resultados.

La mayoría de las personas, nunca se detiene a hacer una evaluación de su vida o de su trabajo, y esa es una de las razones principales por las que no logran sus metas.

Hoy apartaré un tiempo específico para hacer un análisis de mi vida, de mi trabajo y de la relación que tengo con mi familia.

Hoy haré una pausa en mi vida y dedicaré tiempo para identificar tres cosas importantes:

1ro. Las cosas que están funcionando.

2do. Las cosas que no están funcionando.

3ro. Lo más importante. Identificar qué es lo que voy a hacer diferente de aquí en adelante para poder lograr mis metas personales, familiares y de negocios.

20

«No necesitas un título para ser un gran líder»

Héctor González

Ser un líder extraordinario es simple, pero no es fácil. Aquí te presento la diferencia entre un jefe y un líder:

El jefe manda, el líder inspira.

El jefe da miedo, el líder genera confianza.

El jefe dice vayan, el líder dice vamos.

El jefe dice cómo debe hacerse una tarea. El líder enseña cómo debe hacerse una tarea.

El jefe dirige las pólizas de una empresa, el líder guía a las personas al éxito.

El jefe se enfoca en los problemas, el líder busca soluciones.

El jefe es autoritario, el líder se basa en la cooperación.

Como líder que soy, hoy me enfocaré en trabajar en equipo con cada uno de los integrantes de mi familia y equipo. Principalmente me enfocaré en ayudar, servir y enseñar con el ejemplo.

El día de hoy mi trabajo lo haré con amor, paciencia y firmeza.

21

«No le hagas otras personas lo que no te gustaría que te hicieran a ti»

La regla de oro

Hoy pediré a Dios que me dé la paciencia y la sabiduría necesaria para tratar a cada persona de la misma manera en que yo quiero que otras personas me traten a mí.

El día de hoy, mi reto es tratar a cada persona con amor y con respeto, de la misma manera en que yo espero que otras personas me traten a mí.

Hoy daré todo mi amor a mi esposa, a mis hijos, a mis hermanos, a mis amigos y a mis clientes, de la misma manera en que yo quiero que ellos me amen a mí.

Como líder, me queda claro que el respeto que yo dé a los demás es el mismo respeto que yo voy a recibir. Como dijo Don Benito Juárez: «El respeto al derecho ajeno es la paz».

Hoy simplemente viviré la regla de oro, y trataré a todas personas de la misma manera en la que yo espero que otras personas me traten a mí.

22

«El proceso del Éxito no puede empezar, continuar, persistir y terminar sin una dosis diaria de MOTIVACIÓN»

Ralph Carson

La motivación es muy importante, porque nunca nadie ha logrado nada importante sin motivación.

Como dijo Jim Rohn: «La motivación nos impulsa a comenzar, y el hábito nos permite continuar».

La motivación es muy importante, porque en el camino por lograr tus metas vas a encontrar retos, crisis, problemas, obstáculos, y personas que no van a creer en ti. Pero si estás motivado, vas a poder superar todos los retos y las dificultades que se te presenten en el camino.

La palabra motivación está compuesta de dos palabras: motivo y acción.

La clave para lograr el éxito es tener una gran meta, que te motive a tomar acción.

Hoy dedicaré tiempo para encontrar el motivo que me mueva a tomar acción, para poder lograr mis metas.

23

«Yo puedo, yo quiero, yo voy a lograr mis metas»

Héctor González

Las afirmaciones positivas, los decretos positivos y las declaraciones positivas son una poderosa herramienta para eliminar las creencias limitantes, para reprogramar la mente subconsciente y elevar la autoestima.

El 80% de tu éxito es tu psicología, tu manera de pensar. Si crees que puedes, podrás, y si crees que no puedes, ya fracasaste.

Como decía Henry Ford: «Si crees que puedes, o si crees que no puedes, tienes toda la razón».

Hoy seré la persona más positiva del mundo, y diré mis afirmaciones en voz alta, dos veces al día, en la mañana al levantarme y en la noche antes de irme a dormir.

Todos los días repetiré en voz alta:

«Yo puedo. Yo quiero. Yo voy a lograr mis metas.
Creo en mí y soy valioso.
Yo soy un líder de acción.
Todos mis sueños los puedo hacer realidad con valentía, pasión y determinación».

24

«Saber hacer las cosas y no hacerlas es: no saberlas»

Bill Phillips

Las mejores ideas sin acción no sirven de nada. La diferencia entre personas triunfadoras y los fracasados es que las personas más exitosas son personas de acción, que implementan todo lo que saben.

El problema es que hay personas que creen que ya lo saben todo, se creen sabelotodo, pero no toman acción. No hacen lo que saben. Como decía Platón: «El que aprende y aprende, y no practica lo que sabe, es como el que ara y ara, pero no siembra».

Hay cuatro preguntas que te debes de hacer si te crees un líder «sabelotodo»:

1. ¿Estoy aplicando lo que sé?

2. ¿Estoy enseñando a otras personas?

3. ¿Domino mi profesión al 100%?

4. ¿Qué demuestran mis resultados? ¿Éxito o fracaso?

Si alguna respuesta es negativa, entonces, tienes que regresar a lo fundamental, porque en lo fundamental está el éxito.

A partir de hoy, tendré la humildad de reconocer que no lo sé todo, y que necesito más preparación.

Hoy me comprometo a ser el mejor de los estudiantes, y seguir estudiando hasta el ultimo día de mi vida.

25

«Mis acciones hablan más que mis palabras»

Héctor González

El principio más importante del liderazgo es «enseñar con el ejemplo».

Pero, ¿qué significa enseñar con el ejemplo?

Pues, que si quiero que las personas sean amables, yo tengo que ser amable.

Que si quiero que las personas sean responsables, yo tengo que ser responsable.

Que si quiero que las personas sean puntuales, yo tengo que ser puntual.

En otras palabras, si quiero que mi vida cambie yo tengo que cambiar primero, y enseñar con el ejemplo.

Como dice el dicho: «Las palabras convencen, pero el ejemplo arrastra».

Hoy decido ser el cambio que quiero ver en el mundo. Decido enseñar con el ejemplo, porque mis acciones hablan más que mis palabras.

26

«Todo tu éxito está fuera de tu zona de confort»

Héctor González

Hoy en día, el problema de los hombres y las mujeres no es que sean cobardes o miedosos, el problema es que han caído en la zona de confort.

La mayoría de las personas no están logrando sus metas porque están en la zona de confort. Es muy importante poner punto final permanente a la zona de confort. Porque el infierno es llegar al final de tu vida y verte, cara a cara, frente a frente, con la persona en la que pudiste haberte convertido y no lo lograste porque te quedaste en tu zona de confort.

Qué triste ha de ser llegar al final de tu vida, y que no hayas logrado tus metas, porque te quedaste en la zona de confort.

Hoy decido salir de mi zona de confort y hacer las cosas, aunque me dé miedo. Porque entiendo que todo mi éxito, personal, familiar y de negocios, está haciendo cosas fuera de mi zona de confort.

Mi éxito está garantizado porque a partir de hoy decido ser una persona valiente, y tomare acción todos los días, aunque esté fuera de mi zona de confort.

27

«Todo lo que vivamente imagines, ardientemente desees, sinceramente creas y con entusiasmo emprendas, inevitablemente sucederá»

Paul Meyer

Todo lo que existe en el mundo, primero fue creado en la mente de una persona y después con trabajo, dedicación y disciplina se pudo hacer realidad.

Lo dijo Albert Einstein : «La imaginación es más importante que la inteligencia».

Esto es cierto, por que lo que la mente de un hombre o de una mujer puede creer, lo puede hacer realidad. Entonces, el hecho de que yo tenga grandes sueños es porque Dios, también me ha dado la inteligencia, el talento y las habilidades para hacerlos realidad.

Hoy soñaré en grande, y utilizaré el poder de mi imaginación para hacer mis sueños realidad.

A partir de hoy, dedicaré por lo menos 5 minutos al levantarme, y 5 minutos antes de dormir para visualizar cada uno de mis sueños.

Con Dios a mi lado, tomando acción todos los días, y con el poder de mi mente, nada, ni nadie me podrán detener de hacer mis sueños realidad.

28

«Somos lo que hacemos cada día, de tal modo que la excelencia no es un acto sino un hábito»

Aristóteles

¿Qué es lo que separa a las personas triunfadoras de los fracasados? Los hábitos.

Los hábitos determinan hasta el 90% del éxito o fracaso de un líder.

Los líderes más exitosos han desarrollado poderosos hábitos y disciplinas que les ayudan a triunfar y lograr sus metas.

Si de verdad quiero lograr mis metas, entonces debo desarrollar poderosos hábitos que me ayuden a lograr mis metas. A partir de hoy, me comprometo a desarrollar los hábitos que estén en sincronía con mis metas, con mis sueños y con mis valores.

A partir de hoy, desarrollaré el habito de:
- Llegar puntual a todas mis citas.
- Regresar todas las llamadas a mis clientes.
- Tomar acción y hacer las cosas inmediatamente.
- Levantarme temprano antes de que salga el sol.
- Planificar mi tiempo y organizar mi trabajo.
-Tener un lugar para cada cosa.
-Cumplir mi palabra.

Mi éxito está garantizado, porque a partir de hoy me comprometo a desarrollar los hábitos que me van a permitir lograr mis metas.

29

«La única parte donde el "éxito" aparece antes que el "trabajo" es en el diccionario»

V. Sassoon

Hoy seré la persona más trabajadora. Aprenderé de las hormigas. Las hormigas son trabajadoras, pacientes, perseverantes y trabajan en equipo.

Las hormigas, son muy sabias y durante la primavera, el verano y otoño se preparan para el invierno. Las hormigas, son persistentes y no se que quedan paralizadas ante los obstáculos que encuentran en medio del camino.

Si en verdad, quiero ser un líder exitoso, debo ser como las hormigas y trabajar fuerte, ser paciente, ser perseverante. Pero, sobre todo, trabajar en equipo con todos los integrantes de mi familia y de mi equipo.

A partir de hoy, trabajaré inteligentemente como las hormigas. Trabajaré en la primavera, en el verano, en el otoño y estaré preparado para el recibir el frío invierno.

A partir de hoy, seré un líder más optimista, y como las hormigas buscaré una solución para cada obstáculo que se presente en mi camino.

30

«Si crees que puedes, vas a poder lograr todas tus metas, y si crees que no puedes ya fracasaste»

Héctor González

El 80% de tu éxito es tu psicología, tu manera de pensar. Y el 20% son las estrategias.

Como decía Henry Ford: «Si crees que puedes, o si crees que no puedes, tienes toda la razón».

Si de verdad quiero lograr mis metas, debo de tener una mentalidad triunfadora, una mentalidad positiva. Una mentalidad de:
«Yo puedo, yo quiero, yo voy a lograr mis metas».

Hoy decido eliminar de mi vida todas las creencias limitantes.

Nunca más diré: «Que no se puede, que está difícil o que todo el mundo me dice que no».

A partir de hoy, me comprometo dejar de jugar el papel de víctima o culpar a otras personas por mis resultados.

Como líder, yo soy 100% responsable de mis resultados.

A partir de hoy me comprometo a mantener una mentalidad positiva todos los días.

31

«El principio fundamental para atraer abundancia, prosperidad y riqueza a tu vida es la GRATITUD»

Héctor González

Si de verdad quiero abrir las puertas de la abundancia, la prosperidad y riqueza a mi vida, entonces debo de dar gracias a Dios por todas la bendiciones que tengo en mi vida.

Desafortunadamente, la mayoría los seres humanos no sabemos lo que tenemos hasta que lo perdemos. La mayoría de las personas no sabe agradecer, y se queja de todo y por todo.

Adriana Macias dice: «Aprende a dar las gracias por las cosas que tienes, y deja de quejarte por las cosas que no tienes».

La ley de la atracción dice que: «En todo lo que te enfoques va a crecer y se va a expandir». ¿Qué quiere decir esto? Pues que si yo me enfoco en todo lo que está mal, esto va a crecer y se va a multiplicar. Pero si me enfoco en todo lo que está bien, y si doy gracias por todas las bendiciones que tengo en mi vida, esto va a crecer y se va a multiplicar.

A partir de hoy seré una persona más agradecida, y todos días, al levantarme en la mañana y en la noche antes de dormir, dedicaré cinco minutos a dar gracias a Dios por la vida, la salud, mi familia y todas las bendiciones que he recibido en mi vida.

32

«Hemos aprendido a volar como los pájaros, a nadar como los peces, pero no hemos aprendido el sencillo arte de vivir como hermanos»

Martin Luther King

El 80% de los problemas entre las personas es ocasionado por mala comunicación.

La realidad es que la mayoría de las personas no sabe comunicarse y esto ocasiona problemas entre las parejas, con los hijos y en el trabajo.

La causa número uno de los problemas en los negocios son los problemas de comunicación.

La causa número uno de los problemas entre parejas son los problemas de comunicación.

La causa número uno de los problemas con los hijos son los problemas de comunicación.

Como líder que soy, hoy me comprometo a mejorar la comunicación con mi familia, con mis hijos y con mis compañeros de trabajo.

A partir de hoy, utilizaré las cuatro reglas de la comunicación efectiva:

1. Aplicaré la regla de oro

2. Pensaré antes de hablar

3. Aprenderé a escuchar

4. Pediré las cosas por favor y daré las gracias

33

«Orden es tener un lugar para cada cosa y que cada cosa esté en su lugar»

Héctor González

El principio fundamental para atraer prosperidad, abundancia y riqueza a tu vida es el orden. Los líderes más exitosos, son personas ordenadas.

Desafortunadamente, la mayoría de las personas viven en pobreza, escasez y miseria, por el desorden que tienen en sus pensamientos y esto se ve reflejado en varias áreas de su vida.

Como dijo el filosofo David Thoreau: «La mayoría de la gente, esta viviendo una desesperación callada».

Si en verdad quiero atraer abundancia, prosperidad y riqueza a mi vida, debo de ser una persona más ordenada. Esto significa tener orden en mi casa, orden en mi negocio, orden en mi carro, orden en mi oficina, orden en mi escritorio, pero sobre todo orden en mis pensamientos.

A partir de hoy dedicaré tiempo especifico a ordenar mi vida, mi casa, mi carro, mi oficina, mi escritorio, pero sobre todo a mis pensamientos.

Mi éxito está garantizado porque a partir de hoy voy a tener un lugar para cada cosa y cada cosa estará en su lugar.

34

«Es tu actitud, no tu aptitud lo que va a determinar tu altitud»

Zig Ziglar

Según el diccionario, el significado de estas palabras es el siguiente:

Actitud es el comportamiento o estado de ánimo de una persona para hacer un trabajo o tarea.

Aptitud es la capacidad de una persona para el buen desempeño de una actividad o negocio.

Altitud es la altura de un punto de la tierra con relación al nivel del mar.

Entonces, ser un gran líder no es cuestión de tamaño, es cuestión de actitud.

El liderazgo extraordinario empieza con una actitud positiva.

Como dijo Winston Churchill: «La actitud es una pequeña cosa, que hace una gran diferencia».

De todas las cualidades de un líder, la más importante es una actitud positiva, porque es mi actitud lo que va a determinar que tan alto y que tan lejos voy a llegar.

Mi meta a partir de hoy, será mantener una actitud mental positiva.

35

«El precio del éxito se paga una sola vez y el precio de la mediocridad se paga toda la vida»

Héctor González

Hoy decido pagar el precio del éxito, para poder hacer mis sueños realidad de «vivir en abundancia, prosperidad y riqueza».

En mi casa nunca más habrá pobreza, escasez o miseria. Porque a partir de hoy decido pagar el precio del éxito que es: trabajo, estudio, dedicación y disciplina.

A partir de hoy, voy hacer lo que tenga que hacer para lograr mis metas, aunque tenga ganas o no.

Nunca más dejaré para mañana las cosas que puedo hacer hoy.

Nunca más permitiré que los malos hábitos, la flojera o la desidia me detengan de lograr lo que yo quiero.

Mi éxito esta garantizado porque a partir de hoy pagaré el precio del éxito, y me entregaré con pasión, valentía y determinación a hacer mis sueños realidad.

36

«Vacía tu bolsillo en tu mente, y tu mente llenará tu bolsillo»

Benjamín Franklin

La mejor inversión no es en una casa, en un carro o en un bien material. La mejor inversión es en tu persona. Un líder entiende esto, y por esta razón los grandes líderes y empresarios todo el tiempo se están preparando, e invierten el 10% de sus ganancias en su preparación.

Como decía Abraham Lincoln: «Todo el tiempo le están sacando filo al hacha». ¿Qué quiere decir esto? Que todo el tiempo se están preparando, leyendo libros, tomando clases y aprendiendo de sus maestros.

Desafortunadamente, la mayoría de las personas no entienden este concepto, y malgastan su tiempo y dinero en otras cosas como entretenimiento, horas y horas viendo la televisión, o en el facebook, y esta es la razón principal por la que no logran sus metas.

Si de verdad quiero lograr mis metas personales, familiares y de negocios debo de invertir en mi preparación, debo leer libros, tomar clases y aprender de los grandes maestros.

A partir de hoy, invertiré el 10% de todos mis ingresos en mi preparación. Y al invertir en mi mente, mi mente llenará mi bolsillo.

37

«Mejora tu servicio y aumentarás tus ganancias»

Héctor González

Mi éxito y mis ingresos están directamente relacionados al servicio que estoy brindando y al número de personas que estoy sirviendo.

Si de verdad quiero aumentar mis ganancias, entonces debo de ayudar a más personas y mejorar el servicio que doy a mis clientes.

A partir de hoy, me comprometo a servir a mis clientes de la mejor manera posible. Esto incluye no solo a los clientes de mi negocio, sino también a mis compañeros de trabajo, a mi familia, a mi esposa(o) y a mis hijos.

Como dijo Walt Disney: «Hagas lo que hagas, hazlo tan bien para que los clientes regresen y además traigan a sus amigos».

Hoy no trataré de vender, reclutar o ganarme una comisión.

Hoy solamente me dedicaré a servir y ayudar a mis clientes de la mejor manera posible, y, al mejorar mi servicio, crearé clientes y amigos para toda la vida.

38

«La vida regresa a las personas lo que las personas dan a la vida»

Héctor González

La ley de la siembra y la cosecha dice: «Todo lo que yo siembre, eso es lo que voy a cosechar».

La vida es como el eco:
lo que doy, recibo,
y lo que siembro, cosecho.

¿Quién decide lo que yo doy a la vida?
Soy yo. Y si no estoy satisfecho con los resultados —la cosecha— debo de cambiar lo que estoy sembrando.

En otras palabras si quiero que la vida me dé el 100%, entonces yo debo de dar el 100%.

A partir de hoy, me comprometo a dar lo mejor de mi, pues si quiero obtener grandes resultados, también tengo que dar lo mejor de mí.

Nunca más permitiré que la flojera, la desidia o la zona de confort me detengan de dar lo mejor de mí.

Mi éxito está garantizado, porque el mundo me dará lo mejor, siempre que yo dé al mundo lo mejor de mí.

39

«No importa que tan capaz seas, solamente a través del ENFOQUE podrás lograr hacer cosas de nivel mundial»

Bill Gates

¿Qué significa la palabra enfoque?

Enfoque es dirigir toda tu atención hacia una meta o un problema que quieres resolver.

La realidad es que la mayoría de las personas están desenfocadas. La mayoría de las personas están distraídas. Y esto les hace perder tiempo, dinero y oportunidades.

¿Qué es lo que diferencia a las personas exitosas de los fracasados? La respuesta es el enfoque.

Las personas más exitosas están enfocadas en lograr sus metas personales, familiares y de negocios.

La diferencia entre lograr todo lo que quieres o renunciar a ello está en el enfoque.

La ley de la atracción dice que: «En todo en lo que te enfoques va a crecer y se va a expandir».

Si te enfocas en los problemas, estos van a crecer.

Si te enfocas en crecer tu negocio, tu negocio va a crecer.

Si te enfocas en encontrar las soluciones a tus problemas, vas a encontrar las soluciones.

Como líder que soy hoy voy a decidir exactamente lo que quiero, voy a escribir mi plan y voy a poner todo mi enfoque en hacer mis metas realidad.

40

«Los grandes líderes, empresarios y vendedores no aceptan un NO como respuesta»

Héctor González

La mayoría de las personas se rinde cuando escuchan el primer no, pero los líderes extraordinarios insisten, persisten, y perseveran hasta que logran su meta.

Una de las características más importantes de los líderes y empresarios es que saben pedir lo que quieren, y si les dicen que no, lo vuelven a pedir, una y otra vez hasta que logran lo que quieren.

Los líderes extraordinarios tienen fe en ellos, en sus proyectos y en sus sueños, por eso es que no se rinden.

Como decía el gran ministro Wiston Churchill: «Nunca te rajes, nunca te rindas, nunca te des por vencido».

Como líder que soy, a partir de hoy, no voy a aceptar un NO como respuesta, y voy a seguir pidiendo hasta que logre lo que quiero.

Este es mi nuevo hábito, pedir, pedir y volver a pedir, hasta que logre mi meta.

41

«El trabajo individual puede ganar un partido pero el trabajo en equipo gana el campeonato»

Héctor González

Esto es importante, porque todo lo que voy a lograr en la vida es a través de otras personas.

Hoy trabajaré en equipo con cada uno de los integrantes de mi familia y les diré lo importante que son para mí.

Hoy trabajaré en equipo con cada uno mis compañeros de trabajo y les diré que trabajando en equipo podemos lograr cosas extraordinarias.

Como dijo la madre Teresa: «Hay cosas que yo puedo hacer que tú no puedes hacer, hay cosas que tú puedes hacer que yo no puedo hacer, pero juntos podemos hacer cosas maravillosas».

Trabajando en equipo somos más fuertes. Trabajando en equipo somos invencibles. Trabajando en equipo todos ganamos más.

El trabajo en equipo es vital, porque el trabajo individual puede ganar un juego, pero el trabajo inteligente y en equipo gana el campeonato.

Como líder, hoy seré un jugador de equipo, daré lo mejor de mí, porque todos unidos trabajando en equipo lograremos nuestras metas.

42

«Los seres humanos hacemos lo mejor que podemos con la información que tenemos»

Héctor González

Hoy no juzgaré a nadie, tampoco criticaré a nadie, porque finalmente entiendo que los seres humanos hacemos lo mejor que podemos con la información que tenemos.

Nunca más juzgaré a mis padres, hijos, pareja, hermanos o amigos, porque ellos siempre han hecho lo mejor que han podido con la información que han tenido.

Lo que separa a las personas más exitosas de los fracasados es información. Las personas más exitosas tienen cierta información que los demás no tienen.

A partir de hoy, inicio un camino de preparación y conseguiré la información al precio que sea. Nunca más permitiré que las creencias limitantes, la ignorancia o la falta de información me detengan de lograr mis metas.

A partir de hoy, no solamente seré un mejor estudiante, sino también le pediré a Dios que me dé la sabiduría para tomar mejores decisiones.

43

«La valentía es correctamente considerada una de las mejores virtudes de un líder, de la cual dependen todas la demás»

Winston Churchill

Los líderes tienen la valentía para tomar decisiones y actuar, a pesar de la incertidumbre, la duda y sin la garantía de que van a ganar.

Todas las personas tienen miedo, pero los grandes líderes son aquellas personas que enfrentan los miedos y toman acción a pesar de ellos.

Como dice Alex Dey: «Haz lo que más temas y vencerás el miedo». Y, ahí dónde está el miedo está el dinero.

Como líder que soy, debo tener en mente que ser valiente y tomar acción a pesar del miedo es lo más importante para lograr el éxito que tanto deseo.

A partir de hoy, seré una persona de acción y haré las cosas aunque sienta miedo.

Como dijo Nelson Mandela: «Aprendí que el coraje no es la ausencia del miedo, sino el triunfo sobre él. El valiente no es el que no siente miedo, sino el que triunfa sobre él».

44

«No importa que tan inteligente o talentoso seas, solamente manteniendo el enfoque podrás hacer realidad tus metas»

Héctor González

Para poder lograr mis metas debo de mantener el enfoque en mis prioridades.

Hoy mantendré el enfoque en mis prioridades que son mi salud, mi familia, mi negocio y mis clientes.

Mi primer enfoque será mi salud física, mental, espiritual y emocional. Esto es vital, porque para poder trabajar, servir y ayudar a otras personas yo tengo que estar saludable. Porque si estoy enfermo en vez de ayudar, necesitaré de la ayuda de otras personas.

Mi segundo enfoque será mi familia, todo lo que haga el día de hoy será para mi familia, esposa(so) e hijos.

Mi tercer enfoque será mi negocio y mis clientes. Hoy serviré a mis clientes de la mejor manera posible.

Hoy simplemente estaré enfocado en mis prioridades que son mi salud, mi familia, mi negocio y mis clientes.

45

«Las personas más exitosas no son las más talentosas o las más inteligentes pero sí las más perseverantes»

Héctor González

Sé que no soy la persona más inteligente, tampoco la más talentosa pero si de verdad quiero hacer mis metas y mis sueños realidad debo de ser la persona más perseverante.

El famoso periodista mexicano Jorge Ramos dice que: «En el cine, la radio y la televisión no están los mejores o los más talentosos, sino los más perseverantes».

Hoy me comprometo con mi familia, con mis hijos pero sobre todo conmigo mismo a ser una persona más perseverante.

Nunca más permitiré que la flojera, la desidia o procrastinación me detengan de hacer mis sueños realidad.

Si Dios me dio la capacidad de soñar en grande es porque también me dio las habilidades y el talento de hacer mis sueños realidad.

Soy hijo de un Dios todopoderoso, fui creado a imagen y semejanza de Dios. Si Dios es poderoso, yo también soy un ser poderoso. Y si Dios es perseverante, yo también seré perseverante.

Como líder, a partir de hoy me comprometo perseverar hasta hacer mis sueños realidad.

46

«La información no es poder, la información es poder en potencia»

Héctor González

La mayoría de las personas cree que la información es poder, pero yo creo que la información es solamente poder en potencia, porque una persona puede tener toda la información del mundo, pero si no hace nada con la información, la información no es poder. La información se convierte en poder en el momento que tomamos acción e implementamos lo que sabemos.

A partir de hoy, mi vida sera completamente diferente porque entiendo que si quiero lograr mis metas debo de poner en práctica todo lo que he aprendido.

Sé que tengo la información, el conocimiento y la experiencia para convertirme en un líder de alto impacto, pero debo de tomar acción e implementar todo lo que sé, porque las mejores ideas sin acción no sirven de nada.

A partir de hoy, me comprometo a ser un líder poderoso porque voy a poner en práctica todo lo que sé, y con mi ejemplo inspiraré a otras personas a ser mejores líderes.

47

«Siempre que tomes las acciones correctas en el momento presente serás recompensado»

Héctor González

El día de hoy, no me preocuparé por las cosas del pasado. Porque el pasado ya pasó. Y, aunque quiera, no lo puedo cambiar.

Tampoco me preocuparé por el futuro, ya que el futuro es un misterio.

El día de hoy, solo me enfocaré en el presente. Porque el presente es todo lo que tengo, y el presente es un regalo de Dios.

Solamente tengo este día para trabajar en mis metas y sueños.

Hoy solo me ocuparé en tomar las acciones correctas en el momento presente, y si tomo las acciones correctas lograré cosechar los resultados de mi trabajo.

Hoy le pediré a Dios la sabiduría para poder tomar las decisiones correctas, y daré gracias por la vida, la salud y todas las bendiciones recibidas.

48

«No importa lo que sabes, sino a quien conoces»

Héctor González

Las personas más exitosas, no son las más inteligentes, las que saben más o las tienen más dinero, sino las que están más conectadas. Esto es muy cierto, porque todo lo que voy a lograr en la vida es a través de otras personas.

A partir de hoy, me conectaré con todas las personas que me encuentre en mi camino, y prometo hablar con ellas aunque esté fuera de mi zona de confort.

Hoy construiré puentes y destruiré muros.

Hoy levantaré el teléfono y hablaré con 5 personas de influencia —líderes, empresarios, celebridades, pastores, clientes potenciales— y si no me contestan les dejaré un mensaje diciéndoles que los felicito por todos sus éxitos, que los respeto y los admiro, y que me gustaría saber como puedo ayudarlos o colaborar con ellos. Mi meta será tener 20 relaciones de oro que sean ganar-ganar.

Hoy seré un mejor líder, porque no buscaré como ganar, sino como servir y ayudar a mis amigos, clientes y colaboradores.

49

«El 99% de los fracasos viene de personas que dan excusas»

George Washington

Al final de mi vida, ¿voy a estar satisfecho por todas las cosas que hice o voy a estar arrepentido por todas cosas que no hice? Al final, ¿voy a dar excusas o voy a dar resultados? Porque no puedo dar las dos cosas. O doy excusas o resultados. Si doy resultados, no tengo que dar excusas.

La mayoría de las personas, no logran sus metas porque padecen de una enfermedad que se llama «*excusitis*». Buscan cualquier excusa para no hacer lo que deben hacer.

Al final todos vamos a pagar una de dos cosas, el dolor del trabajo o el dolor del arrepentimiento.

Como líder que soy, yo voy a pagar el precio del éxito que es trabajo, estudio, dedicación y disciplina.

Y con mi ejemplo inspiraré a otras personas a dejar las excusas y comprometerse a hacer sus metas y sueños una realidad.

Al final de mi vida yo no voy a dar excusas, yo voy a dar resultados.

50

«No podrás solucionar los problemas que tienes con el mismo nivel de pensamiento con el que los creaste»

Albert Einstein

Para poder solucionar cualquier problema que me esté afectando en este momento, lo primero que tengo que hacer es cambiar mi mentalidad. Porque si no cambio mi manera de pensar y de actuar estoy destinado a fracasar.

Y, ¿cómo se cambia la mentalidad de una persona? Muy fácilmente, la mentalidad de una persona se cambia, leyendo libros, escuchando audio-libros, tomando clases y aprendiendo de grandes maestros.

La mayoría de las personas está fracasando y no está logrando sus metas porque diariamente hacen lo mismo, y esperan que las cosas cambien como por arte de magia.

Entonces, entiendo perfectamente que si no cambio mi manera de pensar y mi manera de actuar, no podré avanzar, ni solucionar los problemas que tengo.

Como líder que soy, hoy decido cambiar y empezar a hacer las cosas de una manera diferente. Hoy es el primer día de mi nueva vida, porque a partir hoy me voy a preparar y voy a obtener la información al precio que sea.

51

«Si tus decisiones no te están acercando a tus metas, entonces te están alejando de ellas»

Héctor González

Mi vida es el resultado de todas las decisiones que he tomado hasta el día de hoy.

Hoy dedicaré una hora de mi tiempo a evaluar mi vida personal, familiar y negocio.

Hoy me iré a un parque, a la playa o simplemente a un lugar donde pueda pensar sin distracciones.

Al terminar la evaluación, si no estoy 100% satisfecho con los resultados, eso será una clara señal de que me merezco algo mejor, porque si no estaría satisfecho con los resultados.

Hoy es el primer día de mi nueva vida, porque tengo libre albedrío y porque todo cambio en mi vida empieza con una decisión. La decisión de cambiar y empezar a hacer las cosas de una manera diferente.

Nunca más tomaré decisiones sin analizar las consecuencias para mí o para mi familia.

Como líder que soy, a partir de hoy me comprometo a tomar mejores decisiones.

52

«Alimenta tu cuerpo con lo bueno, lo puro, lo limpio y lo sano»

Héctor González

Para poder lograr todas mis metas debo de estar fuerte, sano y lleno de energía.

Porque puedo tener grandes metas y soñar en grande, pero si estoy enfermo, débil y sin energía, no tendré las ganas, el ánimo o la fuerza para poder hacer realidad mis metas y sueños.

A partir de hoy, cuidaré de mi persona y alimentaré mi cuerpo con buena alimentación, dedicaré por lo menos 30 minutos a caminar, o hacer ejercicio todos los días. A partir de hoy, alimentaré mi cuerpo y mi mente con lo bueno, lo puro, lo limpio y lo sano.

Nunca más permitiré que los malos hábitos, la desidia o las malas influencias me detengan de lograr mis metas.

A partir de hoy, todos los días haré mi hora de poder: 20 minutos de ejercicio, 20 minutos de lectura y 20 minutos de meditación.

53

«El éxito deja huella»
Anthony Robins

Si de verdad quiero lograr mis metas, entonces debo imitar y aprender de las personas que ya lograron lo que yo quiero lograr.

Como dice Robert Kiyosaki: «Yo solo recibo el consejo de personas que ya están donde yo quiero llegar».

Entonces no tengo que inventar la rueda. La rueda ya la inventaron hace muchos años.

Lo que tengo que hacer, es imitar y seguir los mismos pasos de las personas que ya lograron lo que yo quiero lograr.

Primero, debo de imitar su mentalidad, o sea, cuál es su manera de pensar.

Segundo, debo de imitar las estrategias que usan, o sea cómo hablan, cómo venden, cómo visten, cómo se comportan.

Tercero, debo de imitar su manera de tomar acción, o sea, cómo trabajan, cómo actúan, sus hábitos de trabajo, su dedicación y su disciplina.

A partir de hoy, ya no trataré de reinventar la rueda o hacer las cosas a mi manera. Lo que voy a hacer es simplemente imitar la mentalidad, las estrategias y la manera de actuar de las personas que ya lograron lo que yo quiero lograr.

54

«En el mundo sólo triunfan, las personas que se levantan temprano, las personas que trabajan duro, las personas que buscan las oportunidades y si no las encuentran las crean»

George Bernad Shaw

Si de verdad quiero ser un triunfador, entonces debo de hacer las cosas que los triunfadores hacen.

Las personas más exitosas se levantan temprano antes de que salga el sol.

A partir de hoy me levantaré una hora más temprano.

Las personas más exitosas no trabajan duro, sino que trabajan inteligentemente. A partir de hoy trabajaré inteligentemente.

Las personas más exitosas buscan y crean oportunidades.

A partir de hoy crearé mis propias oportunidades.

Como líder que soy, mi enfoque a partir de hoy será sacar el máximo provecho a mi tiempo, trabajar inteligentemente y crear mis propias oportunidades.

55

«No hay nada más poderoso que cuando le ha llegado su tiempo a una idea»

Víctor Hugo

En este día único, especial y maravilloso mantendré mi mente abierta para poder encontrar la sabiduría, el conocimiento o las estrategias que me permitan lograr mis metas de una manera más fácil, más practica y más efectiva.

Hoy echaré a volar mi imaginación, para explorar nuevas ideas y encontrar la solución a ese problema que no me deja dormir con tranquilidad.

Como dice la frase de Albert Einstein: «En los momentos de crisis, solamente la imaginación es más importante que la inteligencia».

En este día, le pediré a Dios que me dé la sabiduría y la inteligencia para solucionar mis problemas de una manera más efectiva.

Por que Dios no me dio un espíritu de cobardía, sino de poder, de amor y dominio propio.

56

«Primero aprende las reglas del juego, y después juégalas mejor que nadie»

Albert Einstein

Las personas más exitosas son profesionales, expertos en su negocio y conocen sus productos o servicios como la palma de su mano.

Después de muchos años de estudio, trabajo y preparación han llegado al nivel de maestría, y esa es la razón por la que son tan exitosos, y tienen miles de fieles seguidores y clientes satisfechos.

A partir de hoy, dedicaré una hora cada día para prepararme y ser el mejor en mi profesión.

Nunca más permitiré que la flojera, la desidia o la zona de confort me mantengan en la mediocridad

Hoy me comprometo, a ser profesional en todo lo que haga, aprender las reglas del juego y jugarlas mejor que nadie.

Hoy es el primer día de mi nueva vida, y con la práctica y repetición me convertiré en el mejor de mi profesión.

57

«Las personas más exitosas saben exactamente lo que quieren, tienen un plan para lograrlo y todo su tiempo lo dedican a lograr sus metas»

Héctor González

Hoy voy a dedicar tiempo para decidir exactamente lo que quiero, en todas las áreas de mi vida. Hoy dedicaré tiempo, a escribir mis metas personales, familiares y de negocios.

Esto es muy importante, porque metas claras producen resultados claros, y metas borrosas producen resultados borrosos.

El 95% de las personas a nivel mundial fracasan porque no saben exactamente lo que quieren. Y, del 5% de las personas que saben lo que quieren, únicamente el 3% tiene sus metas claras y por escrito.

Los líderes más exitosos saben exactamente lo que quieren, tienen un plan para lograrlo y todo su tiempo lo dedican a lograr sus metas.

Mi éxito está garantizado, porque a partir de hoy me comprometo a ser parte del 3% de los líderes a nivel mundial que tiene sus metas claras y por escrito.

58

«Hay 3 tipos de personas: los protagonistas, los espectadores y los que están fuera de la jugada»

Héctor González

Los protagonistas, son las personas que saben exactamente lo que quieren, tienen un plan para lograrlo, todo su tiempo lo dedican a lograr sus metas, son personas de acción y siempre terminan todo lo que empiezan.

Los espectadores, son las personas que no saben lo que quieren, están en su zona de confort y nunca terminan lo que empiezan.

Y, las personas que están fuera de la jugada son, como se dice, las que ni pichan, ni cachan, ni dejan batear.

¿Qué tipo de líder eres tú? O mejor dicho. ¿En qué tipo de líder te tienes que convertir para poder hacer tus metas realidad?

Como líder que soy, a partir de hoy decido ser el protagonista de mi vida, tomar 100% de responsabilidad de mis resultados, establecer mis metas, trabajar con planes pero sobre todo terminar todo lo que empiezo.

Nada, ni nadie me podrá detener de lograr mis metas, porque, a partir de hoy, yo soy un líder de acción, el protagonista de mi vida y el arquitecto de mi propio destino.

59

«El éxito no es un accidente, es trabajo duro, perseverancia, aprendizaje, estudio, sacrificio y, sobre todo, amar lo que estés haciendo»

Pelé

Hoy es el día más importante de mi vida porque finalmente me doy cuenta de que si de verdad quiero lograr mis metas debo de pagar el precio del éxito, que es trabajo, perseverancia, estudio, sacrificio pero, sobre todo, amar lo que hago.

A partir de hoy, me comprometo a buscar un trabajo que me guste y que me apasione. Pues la única manera de hacer un trabajo extraordinario es hacer algo que me guste.

Como dijo el sabio Confusio: «Búscate un trabajo que te guste y nunca más tendrás que trabajar por el resto de tu vida».

Mi deseo es vivir con pasión, ayudando a otras personas a realizar sus metas y sueños en la vida. Y cuando ayude a otras personas a lograr su metas y sueños, yo también podré realizar los míos.

Este es el verdadero propósito de un líder: servir y ayudar a otras personas con amor y pasión.

60

«Si fallas en planear, estás planeando fallar»

Benjamín Franklin

El 95% de las personas fracasan porque no planifican su tiempo y no organizan su trabajo.

Pero las personas más exitosas saben exactamente lo que quieren, tienen un plan para lograrlo y todo su tiempo lo dedican a lograr sus metas.

Si de verdad quiero lograr mis metas, entonces debo de planificar mi tiempo y organizar mi trabajo.

Como líder que soy hoy me comprometo a desarrollar el hábito de planificar mi tiempo, y organizar mi trabajo por orden de prioridad.

Este es mi nuevo hábito: Planificar mi tiempo y organizar mi trabajo.

A partir de hoy, dedicaré 15 minutos cada día para planificar mi día ideal, antes de empezar a trabajar. Esto es muy importante porque si fallo en planear, estoy planeando fallar.

61

«El miedo es la barrera más grande que detiene a las personas de hacer sus sueños realidad»

Héctor González

Esto es cierto, porque los mejores libros no se han escrito por miedo, los mejores artistas no están cantando por miedo, los mejores conferencistas no están hablando en público por miedo. El miedo es el obstáculo más grande que detiene a las personas de hacer sus sueños realidad.

Si de verdad quiero hacer mis metas y sueños realidad tengo que enfrentar mis miedos.

Los expertos dicen que «la mejor manera de superar el miedo es enfrentándolo». Como dice el libro de Susan Jeffers: «Siente el miedo y hazlo». Hoy daré el primer paso para superar los miedos. Hoy enfrentaré a cada uno de mis miedos y haré algo para superarlos. Hoy levantaré el teléfono, haré mis llamadas. Hoy saldré de mi casa y visitaré a mis clientes. Hoy hablaré en público aunque esté fuera de mi zona de confort.

Hoy es el primer día de mi nueva vida sin limites.

Hoy me comprometo a ser un líder de acción. Nunca más permitiré que el miedo, la desidia o la perfección innecesaria me detengan de lograr mis sueños.

62

«Lograr tus metas más ambiciosas requiere tu compromiso total»

Héctor González

La mayoría de las personas no logra sus metas porque dicen que les gustaría lograr sus metas, pero no están 100% comprometidas para hacer sus metas realidad. Les falta compromiso.

Si de verdad quiero hacer mis metas realidad, entonces tengo que dejar las excusas y comprometerme 100% a hacerlas realidad.

Como dice Gandhi : «Los sueños al principio parecen imposibles, luego parecen posibles y cuando nos comprometemos se vuelven inevitables».

Como líder que soy, nunca más jugaré el papel de victima, ni culparé a otras personas por las cosas que no están bien en mi vida.

A partir de hoy, todo será diferente porque voy a tomar 100% de responsabilidad de mis resultados.

Hoy me comprometo con mi éxito. Hoy me comprometo con mi familia. Pero, sobre todo, me comprometo conmigo mismo.

63

«Si amas lo que haces y haces lo que amas sucederá magia»

Héctor González

Esto es muy importante porque para poder cambiar al mundo, dejar un legado y desarrollar todo mi potencial debo de hacer un trabajo que me guste y que me apasione.

Como dijo el gran sabio Confucio: «Escoge un trabajo que te guste, y nunca más tendrás que trabajar, ni un sólo día de tu vida».

Hoy es el primer día de mi nueva vida. Porque a partir de hoy mi trabajo será mi pasión y mi pasión será mi trabajo.

Nunca más haré un trabajo que no me guste o que no me apasione.

Nunca más haré un trabajo solo por dinero.

Mi felicidad y éxito están garantizados porque a partir de hoy pertenezco a un selecto grupo de líderes que aman lo que hacen y hacen lo que aman.

Dios me ha bendecido por permitirme hacer este trabajo que me gusta, que me apasiona y con el que puedo transformar la vida a miles de personas.

64

«Todo lo que vas a lograr en la vida, lo vas a lograr por y a través de otras personas»

Héctor González

Las personas más exitosas son personas que saben relacionarse y cultivar amistades a largo plazo con otras personas.

A partir de hoy, hablaré con más personas, desarrollaré el habito de saludar y hablar con cada persona que encuentre en mi camino.

Hoy levantaré el teléfono y me comunicare con 5 amigos con los que no he hablado.

Hoy levantaré el teléfono y hablare con 5 de mis hermanos o familiares con los que no he hablado últimamente.

Hoy levantare el teléfono y hablaré con 5 de mis mejores clientes y les daré las gracias por su amistad y confianza.

A partir hoy, me mantendré en contacto constante con mis familiares, hermanos, amigos y clientes, porque entiendo que todo lo que voy a lograr en la vida es a través de otras personas.

65

«La vida es demasiado corta para estar triste, ser cruel, estar enojado, tener rencor o para vivir en el pasado»

Héctor González

Hoy seré el hombre más feliz, y regalaré una sonrisa a todas las personas que encuentre en mi camino.

Hoy me prometo perdonar y olvidar todas las ofensas del pasado, y no volver a recordar los errores del pasado, porque aunque quiera no los puedo cambiar.

El pasado ya pasó, el futuro es un misterio y el presente es un regalo de Dios.

Hoy solo me enfocaré en el presente.

Hoy solo me enfocaré en la cosas que puedo cambiar.

Mi meta el día de hoy será simplemente ser feliz y con mi felicidad inspiraré a las personas a mi alrededor a ser más felices.

Lo dijo el Dalai Lama : «El verdadero propósito de la vida es ser feliz».

66

«Si tus acciones no te están acercando a tus metas, entonces te están alejando de ellas»

Brian Tracy

Uno de los secretos de los líderes más exitosos es que son personas de acción.

Cuántas veces has visto una excelente oportunidad de negocio y te dices a ti mismo: «En este lugar quedaría muy bien un restaurante mexicano». Pero no haces nada. A los 6 meses vuelves a pasar por ese lugar y sorpresa: ves un restaurante mexicano. ¿Qué pasó, te robaron la idea?

No, lo que pasó es que la otra persona tomó acción y tú, como siempre, no hiciste nada.

Las personas más exitosas, son personas de acción.

A partir de hoy, me comprometo a tomar acción inmediatamente, cuando vea una oportunidad.

Nunca más me quedaré paralizado con tanto análisis. Nunca más permitiré que la desidia o la perfección innecesaria me detengan de tomar una decisión.

A partir de hoy, simplemente voy a ser un líder de acción y voy tomar las decisiones de una manera rápida y permanente.

67

«La clave del éxito es la CONSTANCIA»

Héctor González

La mayoría de las personas no están logrando sus metas porque no son constantes.

La clave del éxito es la constancia. No es lo que hacemos de vez en cuando lo que nos lleva al éxito.

El éxito es el resultado de lo que hacemos de una manera constante, día tras día, semana tras semana, mes tras mes, año tras año, con constancia.

Como en la historia de la liebre y la tortuga.

¿Quién gana la carrera? La tortuga.

Y... ¿Por qué gana la tortuga la carrera si la liebre es más rápida? Porque la liebre sabe que es más rápida, se confía y se distrae. Y, la tortuga con su paso lento, firme y constante gana la carrera.

¿Cuál es la moraleja de la historia? Que si de verdad quiero lograr mis metas debo de ser constante en todo lo que hago.

A partir de hoy, me comprometo a ser más constante en todo lo que hago y tomaré pasos firmes y seguros en la dirección de lo que yo quiero. Y con mi ejemplo inspiraré a otras personas a ser más constantes.

68

«Las personas más exitosas toman 100% de responsabilidad de sus resultados»

Héctor González

A partir de hoy, seré una persona más responsable y tomaré 100% de responsabilidad de mis resultados.

Nunca más jugaré el papel de victima o culparé a otras personas por las cosas que no están bien en mi vida. Tampoco ignoraré las señales de alerta.

Si las cosas no están bien en mi vida o en mi negocio es porque yo mismo las he ocasionado con mis acciones y decisiones.

En pocas palabras, mi vida actual es el resultado de todas las decisiones que he tomado, buenas o malas, hasta el día de hoy.

Si no estoy 100% satisfecho con los resultados, debo de empezar a hacer las cosas de una manera diferente y tomar mejores decisiones.

Porque todo cambio en mi vida empieza con una decisión, sufrir es opcional, pero triunfar en la vida y lograr el éxito es una DECISIÓN.

Como líder, a partir de hoy tomaré 100% de responsabilidad de mi vida, de mis acciones y de mis resultados.

69

«Las personas no están logrando sus metas porque dedican mucho tiempo a actividades que no son productivas y que solo los hace perder su tiempo»

Héctor González

Poder hacer realidad mis metas, personales o de negocios, requiere «enfoque total».

Desafortunadamente, la mayoría de las personas no está logrando sus metas por que están distraídas.

Estamos viviendo la era digital, una época maravillosa de la humanidad. Una época que muchas generaciones habían anhelado vivir. La tecnología esta superavanzada, los teléfonos inteligentes funcionan como computadoras. En pocas palabras, tenemos la tecnología y la información al alcance de la mano.

Pero la mayoría de las personas no está sacando el máximo provecho de estas tecnologías porque están distraídas con la televisión o en las redes sociales.

Como líder que soy, debo de aprender a decir que no a las distracciones y mantener un enfoque total en lo que yo quiero.

70

«Para lograr el éxito no tienes que trabajar duro, tienes que trabajar inteligentemente»

Héctor González

La mayoría de las personas trabaja duro toda su vida, y a pesar de eso no logran la independencia financiera.

Estas son las estadísticas, después de 65 años de edad o 40 años de trabajo el 1% de las personas termina siendo rico, el 4% con independencia económica, el 5% sigue trabajando, el 36% muertos y el 54% con problemas de dinero.

Entonces, trabajar duro para lograr la independencia financiera es un mito. La verdadera clave para lograr la libertad financiera es trabajar inteligentemente.

Las personas más exitosas no trabajan duro, más bien trabajan inteligentemente, trabajan en compañías solidas de venta directa, multinivel o son dueños de su propio negocio.

Como líder que soy, debo de empezar a trabajar inteligentemente y enseñar con el ejemplo. Y, trabajar inteligentemente significa decidir exactamente lo que quiero, diseñar un plan para lograrlo, planificar mi tiempo y organizar mi trabajo de acuerdo a mis prioridades, usar la tecnología y tener un equipo de personas que me apoyen para lograr mis metas de una manera más efectiva.

71

«Los líderes más exitosos están comprometidos a una preparación constante y sin final»

Héctor González

Para ser un líder de alto impacto debo de estar bien preparado y dominar mi profesión al 100%.

Un programa para desarrollar mi liderazgo debe incluir todas las habilidades que voy a desarrollar como, por ejemplo, aprender el arte de vender y persuadir, liderazgo, comunicación efectiva, negociación, hablar en público, manejo efectivo del tiempo, negocios y redes sociales, entre otras.

Hoy dedicaré tiempo para decidir una habilidad que voy a desarrollar y que me va ayudar a ser un líder más efectivo. Y para lograr esto voy a invertir en: • 3 libros, • 2 audio-libros, • 1 seminario, y • 1 coach especializado en el tema.

Y voy a poner todo mi enfoque y energía en desarrollar esta habilidad hasta lograr el nivel de maestría.

Esto es vital para poder desempeñarme como un líder de alto impacto.

72

«Hoy en día, el problema del hombre y la mujer no es que sean cobardes o miedosos, el problema es que han caído en la zona de confort»

Héctor González

Si de verdad quiero lograr mis metas, entonces debo de salir de mi zona de confort.

Hicieron una encuesta con personas mayores de 65 años y les preguntaron: «Si pudieran volver a vivir su vida... ¿Qué cosas harían diferentes?».

Sorprendentemente, el 95% de estas personas dijeron: «Hubiéramos tomado más acción, hubiéramos aprovechado las oportunidades». Pero, la realidad es que el pasado ya pasó y no regresará jamás, el futuro es un misterio y el presente es un regalo de Dios.

Como líder que soy, nunca más permitiré que la desidia, la postergación o la zona de confort me detengan de lograr mis metas.

Hoy me comprometo con mi éxito y haré lo que tenga que hacer para lograr mis metas, aunque esté fuera de mi zona de confort. Porque todo mi éxito personal, familiar y de negocios está haciendo cosas fuera de mi zona de confort.

73

«Para lograr tus metas debes de tener: SENTIDO DE URGENCIA»

Héctor González

El promedio de vida una persona es 76 años, que son 76 años x 365 días/año, 27740 días .

27740 días es el número promedio de días activos de una persona.

Esto es muy importante que lo entienda, porque no voy a vivir eternamente. Literalmente mis días están contados y si de verdad quiero lograr mis metas debo aprovechar cada día al máximo y tener sentido de urgencia.

Como dice Gandhi: «Vive como si fueras a morir mañana, aprende como si fueras a vivir para siempre».

Todos los líderes que han transformado la historia de la humanidad y que han dejado su huella han tenido sentido de urgencia.

Si de verdad quiero lograr mis metas debo de tener sentido de urgencia, y vivir cada día como si fuera el último día de mi vida.

74

«El precio de la ignorancia es muy alto»

Héctor González

El precio de la ignorancia es dolor, sufrimiento, y enfermedad. Todo lo que no sabemos nos cuesta mucho dinero, afecta a nuestra familia, afecta nuestras relaciones y afecta nuestra salud.

La única diferencia entre las personas más exitosas y las fracasadas es: información. Las personas más exitosas tienen cierta información que las personas fracasadas no tienen.

Como líder que soy, hoy decido ponerle punto final y permanente a la ignorancia, a la mediocridad y al conformismo.

Nunca más permitiré que la ignorancia o la falta de información me detengan de lograr mis metas.

Hoy me comprometo con mi éxito. Hoy decido ser un mejor estudiante y obtener la información al precio que sea.

A partir de hoy me comprometo en ser un mejor líder, porque dedicaré una hora diaria a mi preparación.

Este es mi nuevo hábito: derrotar la ignorancia con una poderosa arma llamada educación.

75

«Nadie ha logrado algo importante sin entusiasmo»

Emerson

La palabra «entusiasmo» proviene del griego, y su significado es: «Tener a Dios dentro de ti».

Las preguntas que me debo de hacer todo el tiempo son:
¿Cuánto entusiasmo tengo dentro de mí?
¿Cuánto entusiasmo tengo por mi familia?
¿Cuánto entusiasmo tengo por mi negocio?
¿Cuánto entusiasmo tengo por mis clientes?

Y si me doy cuenta de que no tengo pasión o entusiasmo por lo que hago, entonces haré un análisis de mi vida, me replantearé lo que estoy haciendo, hasta que encuentre la llama de la pasión, el entusiasmo por mi trabajo y el verdadero propósito de mi vida.

Como dijo Wiston Churchill: «Para poder inspirar a otros, el líder tiene que estar inspirado».

Los líderes más exitosos tienen pasión y entusiasmo por hacer un sueño realidad, por servir y ayudar a otras personas y viven una vida con propósito.

Hoy me conectaré con ese gran líder que tengo dentro de mí. Y, con mi pasión y entusiasmo inspiraré a otros a soñar más, aprender más, hacer más y ser mejores.

76

«A las personas les gusta hablar acerca de ellos y van a escuchar todo lo que tengas que decir si es acerca de ellos»

Héctor González

Esto es muy cierto, porque los seres humanos somos egoístas por naturaleza. Y porque estamos viviendo la cultura del «individualismo»: primero yo, después yo, y al último yo.

Como líder que soy, me debo de enfocar en servir y ayudar a otras personas y no servirme de ellos como los políticos o los líderes falsos.

A partir de hoy, no voy a hablar solo de mí, y de lo que yo quiero, sino que hablaré de lo que es importante para mi familia, mis amigos y mis clientes.

A partir de hoy, seré tan entusiasta acerca de mis éxitos, pero también celebraré el éxito de otras personas.

A partir de hoy, haré que mis amigos se sientan felices y que tienen algo de valor dentro de ellos.

A partir de hoy, veré el lado bueno de todas las cosas y haré mi optimismo una realidad.

A partir de hoy, simplemente pensaré solo lo mejor, trabajaré para lo mejor y esperaré solo lo mejor.

77

«La calidad de mi vida está determinada por la calidad de mis preguntas»

Anthony Robbins

La mayoría de las personas no saben hacer preguntas o se hacen las preguntas incorrectas.

Se hacen preguntas como estas:
¿Por qué no puedo bajar de peso?
¿Por qué los clientes siempre me dicen que no?
¿Por qué no puedo aprender a hablar inglés?
Y, como se hacen preguntas incorrectas, obtienen resultados incorrectos.
Las personas más exitosas se hacen mejores preguntas, y como resultado obtienen mejores respuestas.

La mente del ser humano está diseñada para contestar y responder cualquier pregunta que tú le hagas.

Las preguntas correctas deben de ser en presente, positivas y que empiecen con las palabra «cómo» o «qué».

Por ejemplo:
¿Qué necesito hacer para ganar más dinero ahora?
¿Cómo puedo hacer un mejor uso de mi tiempo ahora?
¿Cómo puedo aprovechar todas las oportunidades que se me están presentando ahora?

Como líder que soy, a partir de hoy me voy a hacer mejores preguntas. Por ejemplo:
¿Qué necesito hacer para ser un líder de alto impacto, que ayude a más personas?

78

«Todo cambio en mi vida empieza con una decisión»

Héctor González

Así es, todo cambio en la vida de una persona empieza con una decisión. Sufrir es opcional pero triunfar en la vida y lograr el éxito es una decisión.

Las personas más exitosas toman decisiones de una manera rápida y permanente. Mientras que las personas fracasadas se quedan paralizadas con tanto análisis, y caen en la indecisión.

Como dijo Theodore Roosevelt: «En cualquier momento de decisión lo mejor es hacer lo correcto, luego lo incorrecto, y lo peor es no hacer nada».

A partir de hoy, decido ser un líder de acción y tomar las decisiones de una manera rápida y permanente, y no quedarme paralizado con tanto análisis que provoca parálisis.

Hoy le pediré a Dios que me dé la sabiduría para tomar las decisiones correctas, en el momento presente, para obtener los resultados correctos.

79

«Los seres humanos aprendemos a base de la práctica y repetición»

Héctor González

La regla de los 10 años dice que toma un promedio de 10 años de estudio, práctica y repetición para que una persona se convierta en el mejor de su profesión.

Malcom Gladwell, en su libro «Outliers», dice que: «Toma más de diez mil horas de práctica y repetición para lograr la maestría en una profesion».

Entonces, esto quiere decir que:

«Un gran líder no nace, se hace».
Un gran empresario no nace, se hace.
Un gran deportista no nace, se hace.

Las personas más exitosas, han invertido años de trabajo, estudio y práctica antes de lograr el éxito.

Si de verdad me quiero convertir en el mejor líder de mi profesión debo de invertir, tiempo, dinero y esfuerzo.

Hoy inicio este camino hacia la excelencia.

Hoy inicio este camino hacia la maestría.

Hoy inicio este camino de diez años o diez mil horas de práctica, estudio y repetición para convertirme en el mejor de mi profesión.

80

«El que no vive para servir, no sirve para vivir»

Madre Teresa

A partir de hoy, seré la persona más servicial del mundo.

Hoy me dedicaré a servir y ayudar a todas las personas que encuentre en mi camino.

Hoy extenderé una mano de ayuda a un niño huérfano, a una mujer abandonada o a un anciano enfermo.

Hoy ayudaré a mis hijos, esposa, padres y hermanos.

Hoy ayudaré a todos mis clientes, de la mejor manera posible.

Hoy simplemente me dedicaré a servir y ayudar.

Porque sé que mi éxito y felicidad están directamente relacionados con el servicio que yo dé a los demás.

Mejor servicio = Mayor éxito

81

«Mi vida es el resultado de todas las decisiones que he tomado hasta el día de hoy. Y si no estoy satisfecho con mi vida, debo de aprender a tomar mejores decisiones»

Héctor González

Si las decisiones que estoy tomando no me están acercando a mis metas, entonces me están alejando de ellas.

Hoy dedicaré tiempo para analizar, meditar y reflexionar acerca de las decisiones que he tomado sobre mi vida espiritual, personal, familiar y de negocios.

Hoy pediré a Dios que me dé la sabiduría para tomar mejores decisiones.

Hoy me comprometo, a nunca más tomar decisiones importantes sin pensar y analizar las consecuencias para mí o mi familia.

Hoy no solamente tomaré las decisiones fáciles o las más convenientes, sino aquellas difíciles que me permitan vivir la vida que yo deseo para mí.

Porque todo cambio en mi vida empieza con una DECISIÓN.

82

«Un negocio existe únicamente porque tiene clientes»

Héctor González

Mi trabajo como líder, empresario o vendedor consiste de dos cosas: Primero, conseguir clientes nuevos, y, segundo, cuidar de la mejor manera a los que ya tengo.

Porque si no cuido a mis clientes, los voy a perder y se van a ir con la competencia.

Hoy estamos viviendo la tercera guerra mundial. Y la tercera guerra mundial es la guerra del mercadeo. Es la guerra entre los negocios por quitarse clientes.

Entonces, si yo represento a una gran compañía o si tengo un excelente producto o servicio. ¿Cómo le puedo quitar clientes a la competencia? Demostrando que mi producto o servicio es el mejor.

Como líder de mi negocio, hoy me comprometo a ofrecer el mejor servicio a mis clientes. Y con mi servicio de excelencia voy a tener clientes y amigos que se van a quedar conmigo para toda la vida.

Como dijo Walt Disney: «Cualquier cosa que hagas, hazla también para que los clientes regresen, y además traigan a sus amigos».

83

«Para lograr el éxito que tanto deseas tienes que elevar tus estándares de trabajo»

Héctor González

Si no estoy logrando mis metas o si mi negocio está estancado y no esta creciendo, es porque mis estándares de trabajo son muy bajos.

La única diferencia entre las personas que logran el éxito y las que fracasan, son los estándares de trabajo.

Si de verdad quiero lograr mis metas, crecer mi negocio, tener más clientes o ganar más dinero entonces debo de elevar mi estándares de trabajo.

En un negocio, el grupo se mueve a la velocidad del líder. Pero... ¿Qué quiere decir esto?

Que si el líder se mueve lento, entonces el grupo se va mover más lento. Y si el líder se mueve rápido, el grupo se va a mover más rápido.

Cada vez que quieras hacer un cambio en tu vida, lo primero que debes hacer es elevar tus estándares de trabajo. Como líder que soy, hoy me comprometo a ponerle punto final y permanente a la mediocridad y la zona de confort.

A partir de hoy, voy a elevar mis estándares de trabajo y voy a desarrollar los hábitos que me permitan lograr mis metas, y con mi ejemplo, inspirar a otras personas a elevar también sus estándares de trabajo.

84

«Las mejores ideas sin acción, no sirven de nada»

Héctor González

Hoy haré una lista de las mejores ideas, consejos y estrategias que he aprendido a través de los años de mis padres, amigos y maestros.

A partir de hoy, mi vida será completamente diferente, porque voy a implementar todo lo que he aprendido.

Hoy no solo pensaré que soy una persona de acción, hoy seré una persona de acción.

Hoy no solo pensaré que soy una persona inteligente, hoy actuaré inteligentemente.

Hoy no solo pensaré que soy un gran maestro, hoy voy enseñar como una gran maestro.

Hoy no solo pensaré que soy un gran líder, hoy actuaré como un gran líder.

Mi enfoque de hoy será poner en práctica las mejores ideas que he aprendido, porque las mejoras ideas sin acción no sirven de nada.

85

«Llevar tu vida o negocio al siguiente nivel requiere que des tu máximo esfuerzo todos los días"

Héctor González

En su libro de los 4 acuerdos, Don Miguel dice que «para lograr tus metas tienes que dar tu máximo esfuerzo todos los días».

No se trata de correr un maratón todos lo días o de trabajar largas jornadas de trabajo. Se trata solamente de que cada día des lo mejor de ti, ni más ni menos, tu máximo esfuerzo cada día.

Esto es todo lo que se puede pedir a una persona, que cada día de su máximo esfuerzo.

Si de verdad quiero lograr mis metas y dejar un legado, a partir de hoy debo de comprometerme a dar mi máximo esfuerzo cada día.

Nunca más permitiré que la flojera, la mediocridad o las distracciones me detengan de dar mi máximo esfuerzo cada día.

Como líder que soy, este es mi nuevo hábito: dar mi mejor esfuerzo cada día. Y al dar mi mejor esfuerzo cada día, inspiraré a otras personas a dar su máximo esfuerzo, y juntos crearemos un efecto dominó con la capacidad de transformar el mundo.

86

«La calidad de tu vida está determinada por la calidad de tu comunicación»

Héctor González

Si de verdad quiero mejorar la calidad de mi vida, entonces debo mejorar mi comunicación, primero conmigo mismo y después con las demás personas. El 95% de los problemas entre las personas es ocasionado por la mala comunicación.

Según el censo de E.E.U.U., uno de cada dos matrimonios termina en divorcio, y más del 80% de los nuevos negocios se van la bancarrota.

La causa principal son los problemas de comunicación. Como líder, a partir de hoy me comprometo a mejorar la comunicación, no solamente con otras personas, sino también conmigo mismo.

A partir de hoy, aplicaré la regla de oro, en todas mis relaciones y trataré a todas las personas como me gustaría que me trataran a mí.

A partir de hoy, aprenderé a escuchar y escucharé para entender, no para contestar.

A partir de hoy, pensaré antes de hablar, porque con el poder de mis palabras puedo construir, edificar y bendecir, o bien, con el poder de mis palabras también puedo destruir, dañar y maldecir.

A partir de hoy, me comprometo a ser un mejor comunicador porque entiendo el poder de mis palabras y que la calidad de mi vida está determinada por la calidad de mi comunicación.

87

«Mis palabras me van a hacer millonario»

Héctor González

Exactamente, mis palabras tienen el poder de hacerme millonario si tengo palabras de abundancia, palabras de riqueza, palabras de poder, palabras de: «Yo puedo, yo quiero, yo voy a lograr mis sueños».

Pero, si continuo hablando palabras de pobreza, miseria o escasez, mis palabras no me van a hacer millonario.

A partir de hoy, voy a cambiar mi manera de hablar, mi manera de actuar, pero, sobre todo, mi manera de pensar.

A partir de hoy de mi boca solamente saldrán palabras de abundancia, riqueza y poder:
Yo soy inteligente.
Yo soy amor.
Yo soy abundancia.
Yo soy un gran líder.
Yo soy una persona de acción.

A partir de hoy diré con fe, seguridad y confianza:

«¡Yo puedo, yo quiero, yo voy a lograr mis sueños!».

88

«No es lo que te pasa, sino como responden a lo que te pasa»

Héctor González

El principio 10/90 de Steven Covey dice que: «Un 10% es lo que nos pasa y un 90% es cómo respondemos a lo que nos pasa».

¿Qué quiere decir esto? Los seres humanos no tenemos control de muchas cosas que nos pasan, pero sí tenemos el 100% de control de cómo respondemos a las cosas que nos pasan.

Por ejemplo, yo no tengo control del clima, de la economía o de las locuras que va hacer el presidente Donald Trump, pero sí tengo 100% control de mi actitud y de mis acciones.

Cuando un líder está enfrentado problemas o situaciones fuera de su control se enfoca en dos cosas: Primero, tener una actitud mental positiva y, segundo, tomar más acción.

Si tengo una actitud mental positiva y tomo acción, puedo resolver todos los problemas, pero si tengo una actitud negativa y me quedo paralizado no encontraré la solución a mis problemas.

La única diferencia entre un día malo y un día extra-ordinario es una actitud positiva.

Mi tarea de hoy es encontrar el lado positivo de las cosas, mantener una actitud positiva y tomar acción.

89

«Si tuviera 6 horas para cortar un árbol, las primeras 4 las dedicaría a sacarle filo al hacha»

Abraham Lincoln

Si de verdad quiero lograr mis metas personales, familiares y de negocios debo de invertir tiempo, dinero y esfuerzo en mi preparación.

Porque el precio de la educación se paga una sola vez, el precio de la ignorancia se paga toda la vida.

Los grandes líderes y empresarios todo el tiempo se están preparando, tomando clases, leyendo libros o estudiando con sus maestros.

A partir de hoy, dedicaré una hora diaria a leer un libro o escuchar un audio-libro.

A partir de hoy, invertiré el 10% de todos mis ingresos en mi capacitación.

A partir de hoy alimentaré mi mente y mi cuerpo solo con lo bueno, lo puro, lo limpio y lo sano.

Hoy es el primer día de mi nueva vida.

A partir de hoy, me comprometo a una preparación constante y sin final. Y seré estudiante hasta el último día de mi vida.

90

«A las personas no les importa lo que sabes, a las personas solo les importa saber cómo se van a beneficiar con lo que sabes»

Héctor González

Las personas en general solamente entienden el lenguaje de los beneficios.

¿Qué quiere decir esto?

Que a las personas no les importa lo que sabes, a las personas solo les importa saber cómo se van a beneficiar con lo que tú sabes.

Como dijo Theodore Roosevelt: «A la gente no le importa cuánto sabes hasta que ellos saben cuánto les importas».

A partir de hoy, no me enfocaré en los beneficios para mí, sino todo lo contrario, pondré todos mis conocimientos, experiencia y sabiduría en servir y ayudar a otras personas.

Si de verdad quiero impactar positivamente la vida de miles de personas, entonces debo de dar información valiosa a mis clientes valiosos.

A partir de hoy seré un líder sin título, enfocado en servir y ayudar. Como dijo la madre Teresa: «El que no vive para servir, no sirve para vivir».

91

«Tus palabras funcionan como un imán, atraen o rechazan a las personas»

Héctor González

Con el uso correcto de mis palabras puedo traer abundancia, prosperidad y riqueza a mi vida. Pero si las uso incorrectamente también puedo traer problemas, pobreza y miseria.

Esto es cierto porque las palabras no se las lleva el viento, las palabras dejan huellas, las palabras hieren o curan, las palabras derriban o edifican.

Por eso tenemos que pensar antes de hablar. Y si no tenemos nada bueno que decir, el silencio es nuestro mejor aliado. Esto es de vital importancia, porque con el poder de mis palabras puedo destruir, lo que con tanto tiempo me he tardado en construir.

Don Miguel Ruiz dice que «los líderes tenemos que ser impecables con nuestra palabra», y usarla solamente para hablar con integridad, evitar los chismes, no criticar o juzgar a otras personas, ni para autocriticarte y usarlas solamente en la dirección del amor y la verdad.

Como líder que soy, a partir de hoy me comprometo a ser impecable con mi palabra y usarla solamente para decir la verdad, y con palabras de amor edificar y hacer sentir bien a otras personas.

92

«Ser profesional no es tener un título o ejercer una profesión. Ser profesional es saber lo que estás haciendo y hacerlo de la mejor manera«

Héctor González

En el diccionario dice que «un profesional es una persona que se ha formado académicamente para realizar una ocupación específica».

Desafortunadamente, hay muchas personas que tienen un título académico, pero no son profesionales.

Un título o diploma no hace profesional a un doctor o a un abogado.

Un profesional es una persona que tiene un verdadero espíritu de servir y ayudar a sus clientes, con honestidad e integridad.

Una profesional es un experto que conoce su profesión, producto o servicio al 100%.

Un profesional es una persona que llega puntual a sus citas, regresa las llamadas a sus clientes y tiene un excelente servicio al cliente.

Como líder que soy, a partir de hoy seré un profesional en todo lo que haga, me convertiré en un experto en mi profesión y me dedicaré a servir y ayudar a mis clientes con honestidad, integridad y servicio.

93

«Escoge un trabajo que te guste y nunca tendrás que trabajar ni un solo día de tu vida."

Confucio

Todo cambio en mi vida empieza con una decisión. Sufrir es opcional, pero hacer un trabajo que me guste es una decisión.

Como dijo Steve Jobs: «Cada día me miro al espejo y me pregunto: Si hoy fuera el último día de mi vida, ¿querría hacer el trabajo que voy a hacer hoy?». Si la respuesta es no por muchos días consecutivos, sé que necesito cambiar algo.

Hoy haré una evaluación del trabajo que hago y si me doy cuenta que no me gusta al 100% tomaré la decisión de cambiar y empezar a hacer algo diferente.

Hoy dedicaré tiempo para descubrir mis talentos y mis habilidades, identificar mis fortalezas, pero también mis debilidades.

Hoy dedicaré tiempo para definir que es lo que más me gusta hacer, y descubrir cuál es mi verdadera pasión.

Hoy, contestaré esta pregunta: ¿Cuál es el trabajo que estoy dispuesto a hacer aunque no me paguen?

Y al contestar esa pregunta encontraré mi verdadera pasión.

94

«A las personas les gusta hacer negocios con las personas que les inspiran confianza y les caen bien»

Héctor González

Este es un principio fundamental en las ventas, los negocios y las relaciones humanas, porque a todas las personas les gusta hacer negocios con las personas que les inspiran confianza y que les caen bien.

Como líder que soy, si no soy empático o si no sé ganarme la confianza de las personas, estoy perdiendo dinero, relaciones, clientes potenciales y muchas oportunidades.

Pero, cuando me gano la confianza de una persona, ya tengo la venta cerrada en un 50%.

¿Cómo me puedo ganar la confianza de las personas?
Pues:

- Interesándome sinceramente en ellas.
- Haciéndolas sentir importantes.
- Escuchándolas.
- Entendiendo que la mayor debilidad de un ser humano es el deseo de ser amado, querido, valorado y respetado.

Como líder que soy, hoy no trataré de vender o cerrar una venta o ganarme una comisión.

Mi enfoque de hoy será servir, ayudar, ganarme la confianza y el corazón de las personas.

95

«Insistir, persistir, resistir y nunca desistir»

Anónimo

Las personas más exitosas no son las más valientes, o las más inteligentes, sino las que insisten, persisten y las que nunca se rinden hasta lograr sus metas.

Lo dijo Woody Allen: «El 90% del éxito se basa en insistir».

Hoy voy a insistir, persistir y no me voy ir a dormir hasta que logre las metas que me propuse, para el día de hoy.

Hoy trabajaré en mis metas y en mis sueños, como nunca antes lo había hecho.

Hoy seré una fuente de inspiración para las personas que están tristes, enfermas o deprimidas.

Hoy seré luz para todas las que han perdido la esperanza. Y, con mi ejemplo, voy a inspirar a otras personas a volver a soñar y que nunca dejen de insistir, sino hasta que hagan sus metas y sueños realidad.

Nunca más me iré a la cama sin haber dado mi mejor esfuerzo. Hoy, simplemente, voy a insistir, persistir y resistir hasta lograr mi meta.

96

«Dios recompensa a las personas que toman acción»

Héctor González

Siempre que tomes acción, en vez de quedarte paralizado en la zona de confort, Dios te va a recompensar. Los líderes y empresarios más exitosos son personas de acción.

Si de verdad quiero lograr mis metas debo de tomar acción.

Hoy tomaré acción en mi trabajo y lo haré de la mejor manera posible.

Hoy tomaré acción para hacer mis metas y sueños realidad.

Hoy cuidaré de mi persona, porque mi salud es muy importante para lograr mis sueños.

Hoy miraré a mis hijos de frente, y les diré cuánto los amo.

Hoy abrazaré a mi pareja y le diré cuanto la amo.

Hoy llamaré a mis amigos y les daré las gracias por su amistad, y les diré lo importante que son para mí.

En pocas palabras, hoy, simplemente, seré una persona de acción, porque Dios recompensa a los líderes que toman acción.

97

«Tu eres el promedio de las cinco personas con las que pasas la mayor parte de tu tiempo»

Jim Rohn

Hoy me comprometo a pasar más tiempo con las personas que me ayudan a aprender, crecer y cambiar.

En este día, solo me asociaré con personas que me ayuden a ser una mejor persona y dar lo mejor de mí. De hoy en adelante, solo escucharé el consejo de las personas que ya lograron lo que yo deseo lograr.

A partir de hoy, decido retirarme de todas las personas negativas que todo el tiempo me están criticando y me apartan de mis sueños.

Hoy diré NO a las personas que me hacen perder el tiempo y dinero. A partir de hoy cortaré la relación con todas las personas que siempre traen problemas, chismes y drama a mi vida.

Hoy decido relacionarme únicamente con personas que me motivan, que me ayudan y me inspiran a ser un mejor líder.

Esto es vital, porque al estar al lado de grandes personas me dará la posibilidad de conseguir grandes resultados.

98

«Ayuda a otras personas a conseguir lo que ellos quieren y tu podrás conseguir lo que tú quieres»

Zig Ziglar

Liderazgo es servir a otras personas.

Liderazgo es ayudar a otras personas.

Liderazgo es satisfacer necesidades.

Todos los grandes líderes, han sido primero estudiantes, segundo, se han convertido en maestros, pero siempre son servidores.

Como dijo la madre Teresa: «Si no vives para servir, entonces no sirves para vivir».

Como líder que soy, a partir de hoy dedicaré todo mi tiempo a ayudar y servir a todas las personas que encuentre en mi camino.

Si me enfoco en ayudar a otras personas, a conseguir lo que ellos quieren, yo podré conseguir lo que yo quiero.

99

«Cambia tus pensamientos y cambiarás tus resultados»

Héctor González

Lo que detiene a la mayoría de las personas de lograr sus metas no son las barreras físicas, sino las barreras mentales. Un estudio de la fundación nacional para la ciencia dice que: «Los seres humanos tenemos más de 50 mil pensamientos cada día».

El problema es que la mayoría de estos pensamientos no son positivos, al contrario, son negativos. Por ejemplo: «No se puede», «Está difícil», «Todo mundo me dice que no».

Y la ley de las creencias dice que: «Cualquier cosa de la que te estés arrepintiendo, una y otra vez, sea falso o verdadero eventualmente lo vas a creer».

DC Córdoba dice: «Los seres humanos creamos nuestra propia realidad, con nuestros pensamientos».

La primera barrera que tengo que superar para poder lograr mis metas es la barrera mental. Porque mis pensamientos crean mis emociones, mis emociones crean mis acciones, y mis acciones crean mis resultados. Entonces, si no estoy satisfecho con mis resultados, lo primero que tengo que cambiar son mis pensamientos.

Mi meta, el día de hoy, será cambiar mis pensamientos y, al cambiar mis pensamientos, cambiaré mis resultados.

100

«Tu nivel de preparación determina tu nivel de éxito»

Héctor González

¿Qué quiere decir esto?

Que a mayor preparación, mayor éxito,

y a menor preparación, menor éxito.

Y, si un líder no tiene preparación, está destinado a fracasar.

Como dijo el presidente de la universidad de Harvard: «Si crees que la educación es cara, entonces prueba con la ignorancia».

Los líderes más exitosos, entienden la importancia de la preparación, y todo el tiempo están leyendo libros o tomando clases para mantenerse actualizados.

Vivimos en un mundo que está cambiando muy rápidamente, que todo está cambiando.

Un líder que no se está actualizando, automáticamente se está quedando atrás. Si no estás avanzando, estás retrocediendo.

Si en verdad quiero lograr mis metas personales, familiares y de negocios, debo de invertir tiempo, dinero y esfuerzo en mi educación.

La educación es la mejor arma que tengo, como líder, para cambiar al mundo.

101

«La felicidad se alcanza cuando lo que piensas, dices y haces, están en armonía»

Ghandi

Los líderes extraordinarios son aquellos que dicen lo que piensan y hacen lo que dicen.

Esto es muy importante entenderlo, porque la mayoría de las personas dice una cosa, pero hacen otra. En otras palabras, no hay sincronía en sus pensamientos, palabras y acciones.

Entonces, si no estás feliz o satisfecho con los resultados en tu vida es por que no cumples tu palabra, y dices que quieres una cosa, pero haces otra.

La clave para atraer felicidad, abundancia, prosperidad y riqueza a tu vida es que haya integridad en lo que piensas, dices y haces.

Hoy me comprometo a ser un líder de alto impacto. Me prometo a mí mismo que de aquí en adelante voy a cumplir mi palabra y mis acuerdos. A partir de hoy mis pensamientos, mis palabras y mis acciones van a estar en sincronía.

De ahora en adelante, mis acciones van a hablar más que mis palabras, simplemente voy a decir lo que voy a hacer y hacer lo que voy a decir.

La lección más grande de liderazgo

Le preguntaron a Mahatma Gandhi:
«¿Cuál es el secreto del éxito y la felicidad?».
Él respondió así:
«La vida me ha enseñado
que la gente es amable si yo soy amable,
que las personas están tristes si estoy triste,
que todos me quieren si yo los quiero,
que todos son malos si yo los odio,
que hay caras sonrientes si les sonrío,
que hay caras amargas si estoy amargado,
que el mundo está feliz si yo soy feliz,
que la gente es enojona si yo soy enojón,
que las personas son agradecidas si yo soy agradecido.

La vida es como un espejo:
Si sonrío, el espejo me devuelve la sonrisa».

La actitud que tome frente a la vida es la misma que la vida tomará ante mí.
«El que quiera ser amado que ame».

Mensaje final

En el mundo existen tres tipos de personas:
Los que hacen las cosas ahora,
los que dejan todo para después,
y los que nunca hacen nada.
¿Cuál de estos tres es eres tu?
Liderazgo es acción.
Los líderes de alto impacto toman acción inmediata y
no se quedan paralizados.

El propósito de este libro es que te conviertas en
un líder poderoso, porque vas a tomar acción e
implementar las 101 estrategias para convertirte en un
líder de alto impacto, y que al cambiar tú, tendrás el
liderazgo para cambiar la vida de miles de personas y
crear un mejor futuro para todos.

Como dijo Víctor Hugo:

«El futuro tiene muchos nombres.
Para los débiles es lo "inalcanzable",
para los temerosos es lo "desconocido",
para los valientes es la "oportunidad"».

Y para los líderes de alto impacto: es «infinito»

¡Voy contigo al éxito!

Héctor González

MÁS HERRAMIENTAS PARA TU ÉXITO

SISTEMA MÁS PODEROSO PARA CERRAR UNA VENTA

Para ordenar visita la web:

www.HectorGonzalezTV.COM

REGALO GRATIS ESPECIAL PARA TI

ATENCIÓN: DUEÑOS DE NEGOCIOS, EMPRESARIOS, PROFESIONALES EN LAS VENTAS Y LÍDERES

Aprende las estrategias que utilizan los empresarios exitosos para lograr todas sus metas, vivir una vida más balanceada y ganar miles y miles de dólares.

Solo inscríbete GRATIS en mi boletín «Triunfahoy» y aprende cómo:

• Atraer a los clientes ideales para tu negocio.

• Cerrar más ventas y ganar más dinero.

• Lograr tus metas personales y de negocios.

• Vivir una vida más balanceada.

• Auto motivarte para lograr tus metas.

Todo esto y más en el boletín «Triunfahoy».

También de obsequio recibirás GRATIS mi libro: «101 Ideas Para Hacer Tus Metas Una Realidad», que se vende con éxito por $19.95, pero es tuyo GRATIS
por email, tan pronto vayas a mi sitio web:

www.HéctorGáleztv.com

y llenes el formulario.

El boletín valorado en $197.00 anuales es tuyo GRATIS, y te puedes dar de baja cuando desees.

Privacidad garantizada. Detestamos el spam.

Héctor González, es «el coach de los empresarios exitosos». Se especializa en ayudar a los dueños de negocios, empresarios, líderes y profesionales en las ventas, para lograr sus metas personales y de negocios, para aprender las estrategias que necesitan para triunfar en la vida y en los negocios.

Visita www.HectorGonzaleztv.com, para recibir las estrategias GRATIS.

Made in the USA
Columbia, SC
04 February 2020